Oskar Walzel

Deutsche Romantik

Verlag
der
Wissenschaften

Oskar Walzel

Deutsche Romantik

ISBN/EAN: 9783957008459

Auflage: 1

Erscheinungsjahr: 2016

Erscheinungsort: Norderstedt, Deutschland

Hergestellt in Europa, USA, Kanada, Australien, Japan
Verlag der Wissenschaften in Hansebooks GmbH, Norderstedt

Cover: Foto ©Joujou/pixelio.de

Aus Natur und Geisteswelt
Sammlung wissenschaftlich-gemeinverständlicher Darstellungen

232. Band

Deutsche Romantik

I. Welt- und Kunstanschauung

Von

Oskar Walzel

Fünfte Auflage
22. bis 26. Tausend

Anastatischer Nachdruck

Verlag und Druck von B.G. Teubner in Leipzig und Berlin 1923

Vorwort zur fünften Auflage.

Äußere Umstände zwingen Verleger und Verfasser, diese neue Auflage in fast unveränderter Gestalt auszugeben. Mein Aufsatz „Deutsche Romantik in neuem Licht" (Zeitschrift für Bücherfreunde 1922 S. 8 ff.) nimmt Stellung zu Arbeiten über den Gegenstand, die seit der Veröffentlichung der vierten Auflage erschienen waren, und zeigt, in welchem Sinn heute eine Gesamtdarstellung der deutschen Romantik zu geben wäre. Als ich vor fünfzehn Jahren in dem vorliegenden, inzwischen mehrfach umgearbeiteten und erweiterten Versuche ein Bild der deutschen Romantik bieten wollte, tat ich es im Sinn einer Zeit, die über R. Hayms „Romantische Schule" von 1870, zum Teil auch über W. Diltheys gleichaltes „Leben Schleiermachers" durch willigere Anerkennung der Frühromantik und ihrer Ziele hinauszubringen strebte. Ricarda Huch hatte die günstigere Wertung der Umwelt Friedrich Schlegels zuerst vertreten. Ihr folgten zunächst Karl Joël, Erwin Kircher und Marie Joachimi. Wieweit ich mich mit Ricarda Huch einig fühlte, wieweit ich von ihr abweichen mußte, sagt ein Aufsatz, der jetzt in der zweiten Auflage meiner Aufsatzsammlung „Vom Geistesleben alter und neuer Zeit" (Leipzig 1922; fortan hier angeführt als: A) S. 337 ff. abgedruckt ist. Im bewußten Gegensatz zu dem damals herrschenden Impressionismus der Kritik, der an die Stelle eines geschlossenen Begriffs von deutscher Romantik eine durchaus uneinheitliche Reihe von ganz verschiedenen Persönlichkeiten setzen wollte, versuchte ich zugleich die Zusammenhänge herauszuarbeiten, die innerhalb der Erscheinungsfülle sogenannter deutscher Romantik bestehen. Solche synthetische Betrachtung verfocht grundsätzlich mein Aufsatz in der Germanisch-Romanischen Monatsschrift 2, 257 ff. 321 ff. Schon von diesem Standpunkt, aber auch aus andern Voraussetzungen fand die spätere Romantik bei mir eine bessere Wertung als bei Ricarda Huch. Wenn heute vollends eine neue Zeit sich von der Frühromantik abzuwenden und der spätern Romantik mehr Verständnis entgegenzubringen beginnt, so verstärkt sie nur,

was ich schon angestrebt habe. Wer heute deutsche Romantik im zeit-
gemäßen Licht vorführen will, hat mithin bloß Akzente noch kräftiger
zu betonen, die sich schon in meiner Darstellung finden. Die Umwelt
des jungen Friedrich Schlegel im vollen Gegensatz zu Ricarda Huch
und zu deren Gefolge wieder um alle Ehren zu bringen, halte ich
nicht für richtig. Es scheint mir auch nicht im Sinn der Zeit zu liegen.
Ich fühle mich da einig mit Herbert Cysarz' Buch „Erfahrung und
Idee. Probleme und Lebensformen in der deutschen Literatur von
Hamann bis Hegel" (Wien und Leipzig 1921).

Über Cysarz wie über einige andere neuere Arbeiten äußert sich
mein Aufsatz in der Zeitschrift für Bücherfreunde. Seitdem sind noch
erschienen: Max Deutschbein, Das Wesen des Romantischen (Cöthen
1921), Walter Jost, Von L. Tieck zu E. T. A. Hoffmann, Studien zur
Entwicklungsgeschichte des romantischen Subjektivismus (Frankfurt
1921), Paul Kluckhohn, Die Auffassung der Liebe in der Literatur
des 18. Jahrhunderts und in der deutschen Romantik (Halle 1922),
Herbert Levin, Die Heidelberger Romantik (München 1922), Georg
Mehlis, Die deutsche Romantik (München 1922), Gottfried Salo-
mon, Das Mittelalter als Ideal in der Romantik (München 1922),
Georg Stefansky, Das Wesen der deutschen Romantik (Stutt-
gart 1923).

Einen neuen Weg, der Gestalt romantischer Dichtung rechtes Verständnis abzugewinnen, beschritt mein Aufsatz von 1918 „Die künstlerische Form des jungen Goethe und der deutschen Romantik" (A
S. 85 ff.; vgl. ebenda S. 114 ff. über „Zwei Möglichkeiten deutscher
Form"). Ich nutzte dabei Wölfflins kunstgeschichtliche Kategorien, suchte
indes mit Georg Simmels Hilfe über Wölfflin hinauszukommen. Seitdem hat Fritz Strich in dem Buche „Deutsche Klassik und Romantik
oder Vollendung und Unendlichkeit, ein Vergleich" (München 1922),
augenscheinlich ohne von meinem Vorgang zu wissen, im Anschluß an
Wölfflin, aber mit dessen Mitteln von Fragen des „Sehens" zu den
weltanschaulichen Voraussetzungen weiterschreitend, das Verhältnis
der deutschen Romantik zum Klassizismus Goethes und Schillers zu
bestimmen sich bemüht.

Ergänzung meiner bibliographischen Angaben ist zu finden in der
von mir besorgten vierten Auflage von Hayms „Romantischer Schule"
(Berlin 1920), in Josef Körners Anhang zur dritten Auflage der von
mir fortgesetzten „Geschichte der deutschen Literatur" von Wilhelm

Scherer (Berlin 1921), endlich im Anhang zur zweiten Auflage von Arturo Farinellis „Il Romanticismo in Germania" (Bari 1923).

Die Schriften der deutschen Romantiker sind im folgenden, wo nicht anderes ausdrücklich bemerkt ist, nach den Gesamtausgaben bloß mit Band- und Seitenzahl angeführt: Novalis nach J. Minors Ausgabe, Kleist nach der Ausgabe von Erich Schmidt, Georg Minde-Pouet und Reinhold Steig, Heine nach der Ausgabe des Insel-Verlags. Im übrigen sind die alten Gesamtausgaben gemeint. Goethe und Schiller werden nach der Jubiläums- und nach der Säkularausgabe des Verlags J. G. Cotta zitiert.

Die romantischen Briefsammlungen sind bei Anführungen gleichfalls in größter Kürze angedeutet. In Betracht kommen besonders die Briefe F. Schlegels an seinen Bruder Wilhelm (in meiner Ausgabe, Berlin 1890), das Sammelwerk „Aus Schleiermachers Leben" (Berlin 1860—63), Erich Schmidts „Caroline" (Leipzig 1913), J. M. Raichs „Dorothea v. Schlegel" (Mainz 1881), „Novalis Briefwechsel", her. von J. M. Raich (Mainz 1880). Im übrigen sei auf die oben angegebenen Bibliographien verwiesen.

Zu S. 87 sei noch bemerkt, daß Henry Lüdeke aus Tiecks Nachlaß die handschriftlichen Aufzeichnungen für „Das Buch über Shakespeare" (Halle a. S. 1920) herausgegeben und eine Arbeit über „Ludwig Tieck und das alte englische Theater" (Frankfurt a. M. 1922) verfaßt hat. Zu einem Neudruck von Wackenroders und Tiecks „Herzensergießungen" (Leipzig 1921) habe ich die Einleitung verfaßt. Zu S. 60 ff. vgl. Fritz Giese, Der romantische Charakter, Bd. 1 Die Entwicklung des Androgynenproblems in der Frühromantik (Langensalza 1919); zu S. 104 ff. Carl Schmitt-Dorotic, Politische Romantik (München 1919).

Bonn a. Rh.

Oskar Walzel.

Inhaltsverzeichnis.

Welt- und Kunstanschauung der Romantik.

I. Der Romantiker.

1. Verhältnis zum Sturm und Drang.

Waldeinsamkeit und Waldeszauber, der rauschende Mühlbach; die nächtliche Stille des deutschen Dorfes, Nachtwächterruf und plätschernde Brunnen; ein verfallener Palast mit verwildertem Garten, in dem Marmorstatuen verwittern und zerbröckeln; die Trümmer einer zerstörten Burg: alles, was Sehnsucht weckt, das eintönige Treiben des Alltags zu fliehen, ist romantisch. Solche Sehnsucht lockt hinaus in die Ferne, aber auch zurück zu altheimischem Brauch, zu altdeutscher Art und Kunst. Deutsch fühlen möchte der Romantiker wieder lernen und aus erstarktem nationalen Gefühl ein neues kräftigeres Deutschtum schaffen. Denn mag er auch den Blick in schöne Vergangenheit schweifen lassen, so verkündet er doch auch ein geistbeseeltes goldenes Zeitalter der Zukunft. Das träumerische Auge wird unversehens hell und klar; spöttische Lichter blitzen auf. Und klang's eben noch wie Verherrlichung von Tod und Jenseits, so ertönen plötzlich helle und frische Rufe nach einem wirklichkeitsfrohen Leben der Tat, nach kräftiger Selbstbesinnung, nach freudigem Wirken für das Volk.

Die deutsche Romantik ist so reich, so bunt, so vielgestaltig, daß sie, je näher man sie betrachtet, in eine um so größere Fülle von gegensätzlichen Einzelerscheinungen zu zerfallen droht. Sehr schwer wird es dem Verstande, eine Einheit in ihr zu finden; und doch ist es nicht nur veralteter Sprachgebrauch und Bequemlichkeit, wenn von romantischem Dichten und Denken, von romantischen Naturen die Rede ist und mit diesen Worten eine Gruppe von geschichtlichen Erscheinungen aus der Zeit um 1800 bezeichnet wird. Das Gefühl sagt uns, daß etwas Einheitliches in dem Reichtum solcher romantischer Welt ist. Wir spüren das Romantische in den Dichtern, die sich selbst Romantiker nannten und die dem 19. Jahrhundert als Romantiker galten. Dieses Romantische macht sich ebenso fühlbar, wenn die Persönlichkeiten der sogenannten romantischen Schule, wie wenn die Heidelberger, die Schwaben aus Uhlands Kreis, die Norddeutschen Z. Werner, Kleist, Fouqué, Eichendorff, E. T. A. Hoffmann, Chamisso zu tieferer Erfassung gelangen. Aufgabe der Forschung ist es, die Wurzeln dieses Gefühls aufzudecken.

Die Aufgabe wird noch erschwert durch die Tatsache, daß ähnliche Gefühlswirkungen auch von Persönlichkeiten ausgelöst werden, die außerhalb des Kreises der sogenannten Romantiker stehen. Vor allem scheint die Sturm- und Drangzeit der Romantik aufs innigste verwandt zu sein.[1]

Durch Sturm und Drang wie durch Romantik gewannen eine geistige Bewegung und eine seelische Haltung, die seit Jahrtausenden schon mehrfach das Denken und Fühlen der Menschheit bestimmt hatten, innerhalb der deutschen Dichtung die Oberhand. Ein wichtiger Ausgangspunkt und eine wirkungsvolle Betätigung erstand dieser Richtung des Denkens und Fühlens in der Philosophie Platons. Aber erst Plotins Umbildung von Platons Lehre, dann der Neuplatonismus, der auf Plotin zurückgeht, gaben ihr die entscheidende Gestalt und steigerten sie zu einer Weltanschauung, die dem eigentlich klassischen Wesen der Antike gegensätzlich gegenübertrat, obgleich sie nur eine Vertiefung des antiken klassischen Glaubensbekenntnisses bedeutet.

Griechische Kunst und Dichtung, vor allem griechische Plastik sind das Werk sehfreudiger Sinne. Sie entstammen einem nahen und freundschaftlichen Verhältnis zur Außenwelt, sie vergegenwärtigen diese Außenwelt wie etwas innerlich Verwandtes, an dessen Schönheit man frohen Anteil nimmt, sie bleiben, auch wenn sie das Zufällige und Einmalige der Erscheinungen abstreifen, der Natur nahe, wie sie sich unseren Sinnen auftut. Schon Platon jedoch entwertet diese Außenwelt. Was unseren Sinnen erscheint, ist für ihn nicht das Wahre. Der Scheinwelt stellt er die Welt der Ideen entgegen, die für ihn die eigentliche Welt bedeutet und sich vor unseren Sinnen verbirgt. Plotin ging einen beträchtlichen Schritt weiter, als er aus Platons ideeller Welt eine Welt des Geistes machte. Ihm bleibt die Erscheinungswelt nur noch

---

1) Vgl. Albert Köster, Die allgemeinen Tendenzen der Geniebewegung im 18. Jahrhundert. Leipziger Universitätsprogramm 1912.

da wertvoll, wo sie sich als durchgeistigt erweist. So verinnerlicht er die Weltanschauung der Antike, ja er scheint zu einer Flucht vor der Außenwelt anzuleiten und tat dies wirklich bei vielen, die sich auf ihn beriefen.

Den Stimmungen des frühen Christentums kam Plotin, der im Kampf gegen das Christentum die antike Weltanschauung zu neuem Leben hatte aufrufen wollen, durchaus entgegen. Daher verband sich die Philosophie dieses bewußten Nichtchristen früh mit der Lehre des neuen Glaubens. Die Theologie des Mittelalters setzte sich dauernd mit dem Neuplatonismus auseinander, stellte sich auf seine Seite oder widersprach ihm. Dem Lebensgefühl der germanischen Völker, die von vornherein sich in einer minder gütigen, ja bedrückenderen Natur erblickten als die Südeuropäer, entsprach das neuplatonische Wesen aufs beste. Ein Christentum mit neuplatonischem Einschuß war ihnen wie ein Wiederanknüpfen an alte Glaubensvorstellungen ihrer Urzeit. Die höchste Ausprägung gewann dieses Verwandtschaftsverhältnis in der deutschen Mystik des Mittelalters.

Allein auch die italienische Renaissance ist an vielen Stellen durchsetzt von neuplatonischen Vorstellungen. Besonders die Naturphilosophie der Renaissance arbeitete in ihrem Versuche, die Welt wie etwas Beseeltes zu fassen, mit Gedanken und Ahnungen, die auf den Neuplatonismus zurückgehen. In Giordano Bruno erstieg diese Naturphilosophie ihre Höhe. Sein schlesischer Zeitgenosse, der philosophus teutonicus Jakob Böhme, traf an wichtiger Stelle mit ihm fast wörtlich überein. Im Pietismus, dieser Frucht des Dreißigjährigen Krieges, lebte anderseits die alte deutsche Mystik des Mittelalters neu auf. So leitete sich das neuplatonische Verhältnis zur Welt durch die Jahrhunderte weiter. Es hatte in Zeiten, die auf eine Wiedererweckung der Antike ausgingen, immer wieder die Waffen zu kreuzen mit einer Denkrichtung, der die äußere Gestaltung der Erscheinungswelt wichtig war, auch wenn die Durchgeistigung, die von Plotin gefordert wurde, sich nicht feststellen ließ. Meistens beriefen sich die Vertreter der Gegenpartei auf Aristoteles. Den Gefolgsleuten des Neuplatonismus wurde verdacht, daß sie von der Durchgeistigung der Natur gern weiterschritten zu Wunderglauben und Aberglauben. Wirklich ging von der Naturphilosophie der Renaissance und Jakob

Böhmes ein trüber Strom abergläubischen und wundersüchtigen Gebarens aus. In ihm drohte das reiche Erbe des Neuplatonismus zu ertrinken.

Doch um 1700 fand Plotins Weltanschauung in dem Engländer Shaftesbury einen Erneuerer, der den Gedanken einer Durchgeistigung der Welt im höchsten und reinsten Sinn weiterdachte. Er selbst war sich des Zusammenhangs mit Plotin kaum bewußt, knüpfte wahrscheinlich an Giordano Bruno an und meinte, nur auf Plato zu fußen. Sein Weltbild war nahe verwandt mit der Weltanschauung des Deutschen Leibniz. Indes besonders nach der Seite des Ästhetischen, die für den kommenden Aufstieg der deutschen Dichtung vor allem wichtig war, hatte Shaftesbury mehr zu sagen als Leibniz. An Shaftesbury knüpfte der deutsche Klassizismus schon frühe an; er überließ allerdings die eigentliche Weiterführung des plotinischen Gutes den Denkern, die wie Hamann mit dem religiösen, vom Pietismus befruchteten Gebiet deutschen Fühlens im Gegensatz zur Aufklärung sich besonders enge berührten. Hamanns Schüler Herder leitete von diesem Standpunkt aus die Gefühls- und Gedankenwelt des Pietismus und Shaftesburys, dieser beiden Abkömmlinge Plotins, der deutschen Dichtung zu, und zwar zunächst der Umwelt des jungen Goethe, aus der sich der Sturm und Drang entwickelte. Dem deutschen Hochklassizismus Goethes und Schillers gibt der Zusammenhang mit Plotin und mit dessen Nachfolgern das wesentliche und entscheidende Merkmal, das ihn von verwandten Höhepunkten neuerer europäischer Dichtung unterscheidet, besonders von der Literatur des Jahrhunderts Ludwigs XIV.

Doch gerade der deutsche Hochklassizismus stützte sich ebenso auf die Anschauungswelt der klassischen Antike wie auf die Weltanschauung Plotins. Aristoteles bedeutet für Schillers letzte Leistungen mindestens ebensoviel wie der Neuplatonismus. Goethe verdachte vollends den Anhängern Plotins, daß sie die Erscheinung niedriger einschätzen als das, was hinter der Erscheinung liegt und deren geistige Voraussetzung ist. Neben diesem Verhalten der beiden Großen blieb noch genug Gelegenheit übrig, den Gedankenschatz der neuplatonischen Überlieferung weiterzubilden und für deutsches künstlerisches Gestalten, aber auch für die philosophische Selbstbesinnung des Deutschen zu nutzen. Diese Aufgabe stellte sich erst unbewußt, dann mit ausgesprochener Absicht die deutsche Romantik.

Enthüllt sich auch in solchem Zusammenhang der Sturm und Drang als Vorstufe der Romantik, so blieb ihm die letzte Quelle, auf die sich seine Weltanschauung und seine Absichten zurückleiten lassen, fast völlig verhüllt. Die Romantik aber wurde sich ihrer geistigen Ahnen bewußt. Ja, es ist eine der reizvollsten Aufgaben, die sich dem Erforscher der Romantik stellen, das allmähliche Aufdämmern des Bewußtseins zu verfolgen, daß Romantik die uralte Verknüpfung des Neuplatonischen und des Germanischen zu neuem Leben aufgerufen habe, daß sie das Erbe Plotins verwaltete und mehrte.

Für die Kunst der deutschen Romantik fällt schwer ins Gewicht, daß fast überall, wo neuplatonisches Weltgefühl sich verspüren läßt, auch ein Nachlassen der strengen Tektonik des griechischen Klassizismus anzutreffen ist. Lockerung der künstlerischen Gestaltung, Verzicht auf ebenmäßige Schlichtheit und der Wunsch, scharfe Umrisse und saubere Begrenzung aufzugeben, sind dann meist anzutreffen. Der Sturm und Drang geht gleichfalls diesen Weg der ungeschlossenen Form. Auch darum verwirft er Aristoteles, ebenso wie die Romantik. Der deutsche Hochklassizismus strebt mit Aristoteles gegenteiligen Zielen zu. Eingebettet zwischen Sturm und Drang einerseits und Romantik anderseits, schafft er auf deutschem Boden nach dem Formwillen der klassischen Antike.[1]

Die Romantik setzte vieles fort, was dem Sturm und Drang heilig gewesen, von Goethe und Schiller indes fallen gelassen worden war, seitdem sie sich von den Wünschen und Schöpfungen ihrer Jugend in kühnem und folgerichtigem Aufstieg zu deutschem Klassizismus abgewandt hatten. Doch der Begriff der Romantik kann zu schärferer Erfassung gelangen, wenn die feinen, tief eingreifenden Unterschiede ergründet werden, tie der geistigen und künstlerischen Umsturzbewegung um 1800 in Gegensatz zu der älte-

---

1) Den Zusammenhang, den ich hier aufs knappste andeute, suchte ich zu begründen in der Germanisch-Romanischen Monatsschrift 1. 416ff. und in Jlbergs Jahrbüchern 37, 186 ff. (= A. S. 1 ff.). Vgl.: Chr. F. Weiser, Shaftesbury und das deutsche Geistesleben, 1916 (und meine Anzeige in der Deutschen Literaturzeitung 1916 Sp. 2067 ff.); G. Simmel, Rembrandt, 1916; E. Cassirer, Freiheit und Form, 1917.

ren Revolution deutscher Art und Kunst eigentümlich sind. Selbstverständlich muß die Scheidung da einsetzen, wo die stärksten Gegensätze sich zeigen: bei der Frühromantik, bei den jugendlichen Gedankenkeimen der Vertreter der älteren romantischen Schule. Die Frühromantiker stehen dem Sturm und Drang am fernsten. Die Weiterentwicklung der Romantik näherte sich wieder mehr und mehr der Welt des Sturmes und Dranges, ohne daß freilich jemals eine volle Übereinstimmung sich eingestellt hätte. Daß aber die Romantik auch in ihren späteren Tagen der Genieperiode von 1770 nicht ganz sich angeschlossen hat, daß sie auch dann noch etwas Neues, Eigenes und Selbständiges geblieben ist, dankt sie in erster Linie den Führern der Frühromantik, die ihr sagten, welche Wünsche und Hoffnungen, welche geistigen Ansprüche und künstlerischen Keime in der Brust des Romantikers schlummerten. Friedrich Schlegel, Novalis, Schleiermacher, weniger deutlich, aber desto lebendiger Tieck, hielten der Generation ihr Spiegelbild entgegen. Gleich die ersten zaghaften Versuche dieser Persönlichkeiten, sich über ihr Wesen Klarheit zu verschaffen, weisen der Forschung heute den Weg.

Schon zu Anfang des letzten Jahrzehnts des 18. Jahrhunderts kündigt sich in Friedrich Schlegels Briefen an seinen Bruder Wilhelm eine neue Form geistiger und künstlerischer Kultur an, löst sich eine neue Weltanschauung von der älteren ab. Wilhelm Schlegel, der Freund und Schüler Gottfried August Bürgers, steht damals noch auf dem Standpunkt der Geniezeit, Friedrich sucht gegen den Bruder die neue Lehre zu vertreten. Wilhelm spielt sich als Vernunftverächter auf und Friedrich weist nach, daß Wilhelm selbst Vernunftforderungen erhebe.

Als bewußter Vernunftmensch spricht Friedrich zu seinem Bruder, der zwar Vernunft ablehnt, aber von ihr erfüllt ist. Das ist der Gegensatz, der zwischen der Generation des Sturmes und Dranges und der Frühromantik waltet. Die Kulturträger der siebziger Jahre, voran Hamann und Herder, spotten über Vernunft, die Frühromantiker bekennen sich mit dem Kritiker Kant zu ihr; aber im Sinne Kants sind auch Hamann und Herder Vernunftmenschen. Von Kant hatte Friedrich ebenso wie Schiller gelernt, daß das Streben nach dem Ewigen und Unendlichen ein Vernunftgebot ist. Schiller umschrieb kurz darauf in der Abhandlung „Über naive und sentimentalische Dichtung" das Wesen des Vernunft- oder Ideenmenschen, indem er den Idealisten in Gegensatz zum Realisten stellte und dadurch verdeutlichte. Friedrich lernte schon 1793 den bewußten und den unbewußten Vernunftmenschen scheiden, da er selbst, von Kant über seine Vernunftforderungen belehrt und darum sich ihrer bewußt, in seinem Bruder wohl dasselbe Streben nach dem Ewigen, nicht aber das Bewußtsein entdeckte, durch dieses Streben den Vernunftmenschen beigesellt zu sein. ·

Daß indes die Generation der siebziger Jahre die Vernunft ablehnen konnte, ist ebenso auf Kants Rechnung zu schreiben wie die Tatsache, daß der junge Friedrich Schlegel offen und unzweideutig zur Vernunft sich bekannte. Zu Anfang der sechziger Jahre war Kant durch die englische Erfahrungsphilosophie an der Metaphysik Wolffs irre geworden; und als Herder mit ihm in Berührung kam, stand Kant auf dem Punkte äußerster Annäherung an den Skeptizismus. Durch Kants Vermittlung ging damals etwas von Humes Zweifel an der Vernunft auf Herder über und durch Herder wiederum auf das Geistesleben der Zeit. Wäre Kant in jenen Tagen weniger skeptisch gewesen, hätte er nicht soeben mißtrauisch von aller Metaphysik sich abgewendet, er hätte nicht neben Sokrates-Hamann der Lehrer Herders werden können. Hamanns an Hume genährte Vernunftfeindschaft enthüllt sich auch in R. Ungers tiefgreifender Betrachtung (Hamann und die Aufklärung, 1911) als Mittelpunkt seines Wesens. Kant aber war damals geneigt, gleich Hamann ein sokratisches „Und sehe, daß wir nichts wissen können" zu verkünden. Freilich arbeitete Kant sich rasch aus solcher empiristisch-skeptischer Gedankengärung zu neuer Metaphysik hindurch. Herder aber blieb zeitlebens empiristischer Skeptiker, allerdings mit den idealistischen Bedürfnissen, die in den faustischen Naturen der Sturm- und Drangzeit ebenso walten wie in Wilhelm Schlegel (A S. 370 ff.).

Daß die Frühromantik, daß Friedrich Schlegel vom Anfang an hier klar gesehen hat, ist das Verdienst des Kritikers Kant. Kant tat das metaphysische Bedürfnis des Vernunftmenschen dar und Friedrich Schlegel war durch Kant belehrt worden, Vernunft nicht zum Gegenpol alles Großen, Starken und Hohen der

menschlichen Seele zu machen. Von Kant geleitet, ist Friedrich sorg-
sam bemüht, den Vernunftmenschen mit seinem Drang nach dem
Unendlichen von dem „herz- und marklosen Vernünftler" zu sondern, bei dem der „sehr wesentliche edle Trieb nach deutlichen
Begriffen, nach klarer Einsicht" „unnatürlich stark" ist (an Wilhelm S. 142). Friedrich Schlegel bekämpfte solchen Vernunftkul-
tus schon deshalb, weil er in ihm eine Einseitigkeit erblickte.
Denn gleichfalls schon im Jahre 1793 formulierte er (S. 125)
seine Forderung der Allseitigkeit.

Die Verknüpfung von klarem Bewußtsein und von starkem
Bedürfnis, das Unbewußte im Menschen nicht durch Vernünfteln
zu zerstören, ist nach Ricarda Huch das wesentliche Merkmal
der Frühromantik; daß der Sturm und Drang auf anderem Boden stehen mußte als die Frühromantik, ergibt sich aus seiner
gegensätzlichen Auffassung und Bewertung des Begriffes „Vernunft".[1])

Schopenhauer bestimmt den Begriff des metaphysischen Bedürfnisses: der menschliche Geist möchte das Ganze der Erfahrung
in seinem innersten Zusammenhange überschauen, die Erscheinungen in ihrer Gemeinsamkeit überblicken und sich der Einheit
bewußt werden, die darin zur wechselnden Erscheinung kommt.
Dies Bedürfnis ist dem Stürmer und Dränger genau so eigen wie
dem Romantiker. Aber nur der Romantiker weiß, daß es von der
Vernunft stammt, während der Stürmer und Dränger hamannisch
über Vernunft spottet. Und doch ist es nur metaphysisches Ver-
nunftbedürfnis, wenn Faust erkennen möchte, was die Welt im Innersten zusammenhält, und alle Wirkenskraft und Samen schauen
will.

Ricarda Huch verdeutlicht meisterhaft die kühne Hoffnung der
Romantiker, das Geheimste zu erhellen. Sie waren mit voller
Absicht Geisterseher, nicht bloß Geisterahner. Sie begnügten
sich nicht mit dem Gefühle, sondern unterwarfen es der Analyse.
Dem Instinkt gingen sie denkend nach. Im Gegensatz zu ihnen
wagten die Stürmer und Dränger nicht, dem Gefühl einen Namen
zu geben, überzeugt, daß Name Schall und Rauch ist, umnebelnd
Himmelsglut. Mit Rousseau fürchteten sie ihr Gefühl zu zerstö-

---

[1]) Vgl. Fritz Mauthner. Wörterbuch der Philosophie, 1910, 2, 561.

ren, wenn sie es begrifflich zu erfassen suchten. Der Romantiker
kennt gleiche Furcht nicht, freilich untergräbt die stete Analyse
und Selbstanalyse sein Temperament. Der Stürmer und Dränger
ist und bleibt ein junger, von e i n e m starken Gefühle getragener,
kraftvoller, gewaltiger „Kerl", der sich wohl ahnungsvoll diesem
Gefühle hingeben kann, seine eigenen Träume indes nicht deuten
will. Enthusiastische Begeisterung verwehrt ihm alle Zergliederung des Gefühls; oder er bohrt sich auch wertherisch in seinen
Schmerz hinein und verliert sich ganz an ihn. Der Romantiker
dagegen will immer deuten; er hat immer ein Geheimnis zu enthüllen. Seine Gefühle werden durch solche Enthüllung gedämpft
und abgeschwächt, aber er selbst wird seelisch verfeinert (A S. 346 ff.).

Die starke Neigung zur Analyse des Gefühls macht die Romantik auf zwei Gebieten besonders fruchtbar und ergebnisreich: auf
dem Felde der Kunstbetrachtung und auf dem Felde der Erfassung des Religiösen. Da wie dort galt es, in die Tiefe des Unbewußten Licht zu tragen. Das Verlangen nach denkenden Künstlern ist vielleicht nie vorher so stark und doch wieder mit voller
Anerkennung der Macht unbewußten Schaffens zum Worte gelangt; und das Wesen der Religion hat keiner vor ihm so scharf
erfaßt wie S c h l e i e r m a c h e r. Er konnte es, weil er echt romantisch das Gefühl begrifflich zu deuten und zugleich in seiner
Besonderheit und in seinem Gegensatze zur Verstandestätigkeit
zu erfassen fähig war. Denn wenn auch romantische Analyse
vor dem Gefühl nicht scheu und ängstlich haltmacht, so schlägt
sie doch nicht ins Rationalistische um.

Hier wurzelt die Möglichkeit, daß die Romantik einen Weg zu
F r i e d r i c h H e i n r i c h J a c o b i fand. Der Gegner Kants, der
Gefühlsphilosoph, dessen Roman „Woldemar" von Friedrich Schlegel 1796 freilich mit verletzender Schärfe abgelehnt wurde, spielte
doch 1793, in Friedrich Schlegels Briefen an Wilhelm, eine wichtige Rolle: sein älterer Roman „Eduard Allwills Briefsammlung"
(1792) wird ausdrücklich gegen Wilhelms entgegengesetztes Urteil
(S. 126) zu den Dokumenten der Vernunft, Jacobi selbst zu den
Vernunftmenschen gezählt (S. 142). Die Frühromantik konnte darum an Jacobi anknüpfen, ihm allerdings nicht ganz zustimmen:
Fichte, Schelling, Schleiermacher bauen auf Jacobis Grunde weiter, sie alle aber kreuzen auch mit ihm ihre Waffen.

Keiner von den Romantikern steht Jacobi so nahe wie Schleiermacher. Schon 1802 stellte Hegel in Schleiermacher eine höhere Potenz Jacobis fest (Kritisches Journal, 2, 1, 134 ff.). Der Berührungspunkt liegt in einem Felde, das von der Romantik dem Gefühl allein vorbehalten worden ist, in der Religion. „Beide fanden sich", sagt Dilthey (Leben Schleiermachers S. 332), „mit der Fülle ihres inneren Lebens, ihrer ‚Mystik' im Gegensatz gegen alle Wissenschaft, die sie umgab, und die Tiefe und Freiheit ihres Gemütslebens, die Schärfe ihres Gedankens gestattete ihnen keinen nachgiebigen Vergleich. Beide blieben sich des Zusammenhangs ihrer Mystik und ihrer Individualität bewußt. Beide sahen in dieser Mystik gegenüber dem Idealismus nach seinen verschiedenen Zweigen einen höheren Realismus gegründet." Aber Jacobi war in Rousseaus Sinne viel zu sehr Gegner alles reflektierenden Denkens, als daß er mit der Romantik hätte zusammengehen können. Wie Rousseau sagt er: Licht ist in meinem Herzen, aber wenn ich es in meinen Kopf bringen will, erlischt es. Jacobi bricht alle Brücken zwischen Glauben und Wissen ab und setzt beide in einen vollkommenen und grundsätzlichen Widerspruch. Wohl möchte auch er den unendlichen und unbedingten Weltinhalt erfassen; sein metaphysisches Bedürfnis ist aufs stärkste entwickelt. Aber das Denken steht ihm bei diesem Bemühen nur im Wege und lediglich der Glaube eröffnet ihm die gesuchte Bahn, ein Glaube, der ausschließlich im individuellen Gefühle wurzelt. Er ist von dem unauflösbaren Widerspruch zwischen dem philosophischen Gedanken und der wahren Mystik überzeugt. Sehr richtig wendete daher Schleiermacher (an Brinckmann 19. Juli 1800, 4, 73 f.) gegen Jacobi ein: „Der scheinbare Streit der neueren Popularphilosophie gegen den Mystizismus hat ihm die falsche Meinung beigebracht, als ob es in der Tat einen Streit zwischen der Philosophie und der Mystik geben könne, da doch im Gegenteil jede Philosophie ... auf eine Mystik führt ... Wollte Jacobi nur dekretieren, daß Philosophie und Mystik gänzlich auseinander liegen, und daß der ganze Schein ihres Zusammenhanges nur daher kommt, weil sie sich in der Tangente berühren, so würde er aufhören gegen die Philosophie unnütz zu polemisieren."

An Naturen von Jacobis Art mußte den kantisch geschulten

Romantikern früh klar werden, daß das metaphysische Bedürfnis der Vernunftmenschen auch in Köpfen walte, die ihr starkes Gefühl gegen alle Vernunftbauten ausspielen. In Kants Schule war Schleiermacher ebenso gegangen wie Fr. Schlegel; und beide blieben nicht lange in ihr. Die Romantik ist ohne Kant nicht zu denken, aber der Gegensatz zu Kant gibt ihr ein eigenes Lebensrecht, ein Gegensatz, der vor allem auf sittlichem Felde waltete.

2. Herder und die Romantik. Der Organismusgedanke.

Wie Schiller wurden auch die Romantiker von Kants Ethik durch ihre Überzeugung abgelenkt, daß nur Versöhnung der Gegensätze Vernunft und Sittlichkeit, nicht einseitiges Vernunftmenschentum den Menschen zu höchster sittlicher Stufe erheben könne. Wie bei Schiller (11, S. IX ff.) so steht auch bei den Romantikern Shaftesbury hinter solcher Überzeugung. Abermals nähert sich die romantische Welt an dieser Stelle der Generation der siebziger Jahre; denn machtvoll hatte Hamann die Notwendigkeit der Totalität betont und verlangt, daß alles, was der Mensch zu leisten unternehme, durch Tat oder Wort, aus sämtlichen vereinigten Kräften entspringe; alles Vereinzelte sei verwerflich. Herder wie der ganze Sturm und Drang aber entnahm diesem Gebot zunächst das Streben, vom trockenen Sinnen weg ins Leben hineinzugehen, nicht bei Papier und Tinte zu weilen, sondern zur schaffenden Tat sich zu erheben. Wiederum bedurfte es der sondernden und wegweisenden Kritik Kants, um hier Klarheit zu schaffen und die Waffen zu bereiten, mit denen Schiller und die Romantiker, über Kant hinauszugehen bemüht, Kant selber bekämpften. Die Gefahr drohte, daß deutsche Kultur durch Hamanns und Herders Vernunftbefehdung zur Ablehnung aller Logik gelange. Romantische Totalität aber verlangt nicht bloß Gefühlsmenschen und Tatnaturen, auch Denker und Betrachter. Ebenso erblickt Schiller in dem Stürmer und Dränger einen Sinnen- und Triebmenschen, der zu voller Einheitlichkeit menschlicher Anlagen und menschlicher Betätigung nicht aufsteigen kann. Der Begriff der ästhetischen Erziehung, an sich von Shaftesbury und über ihn weg von Platon und Plotin[1] ab-

---

1) Vgl. C. Zurlinden, Gedanken Platos in der deutschen Romantik, 1910; H. H. Müller, Ilbergs Jahrbücher 36. 69 ff.

zuleiten, wird darum von Schiller doch in steter Rücksicht auf die
sittlichen Vernunftforderungen Kants formuliert. Und wenn die
Romantik ihr Bildungsideal aufstellt, so ist auch sie bemüht, diesen echt romantischen Begriff der „Bildung" nicht nur wechselnden
und spielenden Gefühlsstimmungen zu überlassen, sondern ihm
eine starke geistige Grundlage zu leihen. Da wie dort spürt man,
daß von Kants hohen geistigen Ansprüchen an den Menschen ausgegangen wird, und daß dann erst von diesem Ausgangspunkte
ein Weg zu der „Natur", zum „Gefühl" der Stürmer und
Dränger sich eröffnet. Da wie dort wird indessen zuletzt dem
für alle Menschen gültigen sittlichen Gebot Kants eine Ethik des
Ausnahmemenschen, der Adelsnaturen und genialen Persönlichkeiten gegenübergestellt. Solche Menschen feierte man auch um
1770.[1]

Gleich dem Sturm und Drang verfocht die Romantik im Sinne
Shaftesburys das Vorrecht der großen Persönlichkeit. Wohl führte
das Verlangen, daß jede Persönlichkeit sich voll ausleben solle,
um 1770 wie um 1800 zu Willkür und Zügellosigkeit. Aber nicht
gelegentliche schlimme Folgerungen sollen die Ehrfurcht vor der
Größe des Gedankens beeinträchtigen, die dem Kultus der Persönlichkeit beiderseits zugrunde liegt. Es ist die hohe Achtung vor
dem Werte des Eigentümlichen, das dem Menschen auf seinen
Lebensweg mitgegeben ist. Aus diesem Gefühl heraus würdigt Hamann das Idiotistische einzelner Menschen wie ganzer Völker;
aus gleicher Voraussetzung erwächst Herders Verständnis für
alles Eigentümliche in Kunst und Leben. Die Bedeutung des Individuellen wird von den Romantikern, vor allem von Schleiermacher, aufs nachdrücklichste zur Sprache gebracht. Auf ethischem
Gebiete bestehen sie in Widerspruch zu Kant auf dem Recht der
Persönlichkeit. Als Kunstbetrachter wetteifern sie mit Herder
in der Fähigkeit, sich in eigenwilligste Individualitäten einzu-
fühlen. Der weiche, anschmiegsame Wackenroder geht voran, der
nur allzu bewegliche Tieck folgt ihm getreu nach, und Wilhelm
Schlegel steigert sich zu allseitiger Aufnahmefähigkeit. Dabei sind
sie im Geiste Herders bestrebt, die Erscheinungen der Kunst aus
ihren geschichtlichen Voraussetzungen zu begreifen. Dem Recht der

---

1) P. Vogel. Das Bildungsideal der deutschen Frühromantik, 1915

Perſönlichkeit ſchaffen ſie als Hiſtoriker auch dann Raum, wenn ſie zeigen, wo und warum die Perſönlichkeit nicht frei, ſondern durch entwicklungsgeſchichtliche Momente gebunden war. Denn das iſt romantiſche Geſchichtsauffaſſung, das geſchichtlich Bedingte zwar in ſeinem Zuſammenhange mit dem Ganzen zu erblicken, es indeſſen nicht ſeines individuellen Wertes zu berauben.[1]

Nicht nur im Verſtändnis für Individualität berühren ſich Herder und Schleiermacher. Zwei Jahre vor der Abfaſſung von Schleiermachers „Reden über die Religion" trug Herder in ſeiner letzten Sammlung „Chriſtlicher Schriften" unter dem Titel „Von Religion, Lehrmeinungen und Gebräuchen" Anſchauungen vor, die unmittelbar an Schleiermacher heranreichen. Wohl ſchied Schleiermacher durch tiefere Erfaſſung des religiöſen Lebens noch ſchärfer zwiſchen Religion und Lehrmeinung und brachte das religiöſe Gefühl nicht bloß zur Metaphyſik, auch zur Ethik in Gegenſatz. Aber Herder ſtellte, zu Leſſing zurückkehrend, feſt, etwas anderes ſei Religion, etwas anderes ſeien Lehrmeinungen, und Religion ſei der Kern des Chriſtentums; damit war einer=ſeits der Grundgedanke Schleiermachers gegeben, anderſeits zu neuem Leben die Anſchauung Leſſings aufgerufen, von dem Fried=rich Schlegel (an Novalis 2. Dezember 1798, S. 86) ſagte, keiner habe von der wahren, neuen Religion mehr geahnt.

Herders Bedeutung für die Romantik liegt natürlich auch noch auf anderem Felde. Auf den erſten Blick ſcheint es ſogar, als ob die Romantik ohne Herder gar nicht möglich ſei. Dem ſteht un=vereinbar die geringe Anerkennung entgegen, die er bei den Romantikern findet, und das Bewußtſein eines unüberbrückbaren Gegenſatzes, der zwiſchen beiden Parteien waltet. Ob hier wirklich nur der ſchuldige Dank über dem Gegenſatz der Generationen ver=geſſen worden iſt? Eher träfe anderes zu: viele Errungenſchaften Herders waren ſchon ſo ſelbſtverſtändlich geworden, daß man bei ihrer Nutzung nicht weiter Herders gedachte. Nicht war im Ge=dächtnis der jüngeren Generation haften geblieben, daß Herder vor allem die Straße zu Shakeſpeare, zur altheimiſchen Poeſie, zum Mittelalter und zum Volkslied eröffnet, ja daß er noch die

---

romantische Orientalistik vorbereitet hatte. Seine „empfindsame
Ästhetik" war Wilhelm Schlegel (Berliner Vorlesungen 1, 47,
16 ff.) verhaßt. Und wenn Friedrich Schlegel in einem ersten
kulturgeschichtlichen Versuche den „Ideen zur Philosophie der Ge=
schichte der Menschheit" nachrühmt, daß sie „vieldurchdachte Er=
fahrung gegen einseitige Vernunft aufs schönste in Schutz neh=
men", so lautet 1803 Wilhelms abschließendes Urteil, sie seien
ein Buch, in dem weder Ideen, noch Philosophie, noch Geschichte,
noch Menschheit anzutreffen sei; nicht einen neuen Anfang, son=
dern den Gipfel der falschen modernen Geschichtschreibung er=
kennt er in ihnen (Haym, Romantische Schule S. 911). Wilhelm
Schlegel hatte einst in Herders „Plastik" eines seiner Lieblings=
bücher erblickt !

Am stärksten war Schelling des Dankes sich bewußt, den er
Herder schuldete. Mit voller Absicht formte er den Titel seiner
ersten naturphilosophischen Schrift nach Herders Hauptwerk. Denn
er erkannte das von ihm verwertete Herdersche Gut auch dann,
wenn es ihm aus zweiter Hand geboten wurde. Wohl wurde
durch die Rede, die der Professor an der Karlsschule zu Stutt=
gart, Karl Fr. Kielmeyer, 1793 „Über die Verhältnisse der or=
ganischen Kräfte untereinander in der Reihe der verschiedenen
Organisationen, die Gesetze und Folgen dieser Verhältnisse"
gehalten hat, Schelling veranlaßt, Natur und Menschheit als
e i n e n großen und einheitlichen Organismus zu fassen; er selbst
aber führte die Gedankengänge Kielmeyers auf Herder zurück.
Wirklich spinnen sich schon aus Herders Aufsatz „Vom Erkennen
und Empfinden der menschlichen Seele" (1778) und aus seinem
„Gott" (1787) Fäden hinüber zu Schelling und zu Novalis.
Die Brücke vom Spinozismus zur Naturphilosophie half Herder
schlagen; und er ward dadurch ein Vorgänger des realistischen
Umschwungs der Philosophie, der mit Schelling beginnt. Nach=
träglich suchte Herder 1802 im sechsten Stück der „Adrastea" auf
seine Weise die Folgerungen aus den Voraussetzungen zu ziehen,
die er selber Schelling gegeben hatte; aber dabei gestand er
andern und sich nicht ein, daß Schelling, ihm vorauseilend,
längst dasselbe Geschäft besorgt hatte. Denn für Herder war in
Schellings Naturphilosophie durch die Schul= und Formelsprache,
mit der sie durchsetzt war, sein eigener Besitz und Anteil fremd

und unkenntlich geworden. So gingen auch diesmal wieder Menschen, die zu tiefstem und innigstem gegenseitigen Verständnis bestimmt waren, kalt und teilnahmlos ihre gesonderten Wege.
Doch angesichts der starken Zusammenhänge von Naturphilosophie
und von Herders Denken begreift man, daß ein Naturphilosoph
von J. W. Ritters Art nach dem Tode seines Freundes Hardenberg in Herders Arme flüchtete und in dessen Umgang volle
Befriedigung fand. In den „Fragmenten aus dem Nachlasse eines
jungen Physikers" (1810, 1, XXXI ff.) errichtete Ritter diesem Freundschaftsbunde ein Denkmal. Und noch ein romantischer
Naturphilosoph trat dem alternden Herder in Gotthilf Heinrich
Schubert (Selbstbiographie, 1854, 1, 278 ff.) nahe.

Aus der romantischen Naturphilosophie ist endlich auch die
Erfüllung eines Wunsches des jungen Herder erwachsen. In der
dritten Sammlung der „Fragmente über die neuere deutsche
Literatur" hatte er einst die Möglichkeit einer n e u e n M y t h o -
l o g i e erwogen, angeregt durch ein unwillig polterndes Wort
Hamanns (Schriften, her. von F. Roth, 2, 280). Klarer und
genauer als Hamann verlangte Herder, aus dem „Ozean von
Erfindungen und Besonderheiten", der uns umfließt, aus der
„neuen Welt der Entdeckungen", die uns umgibt, eine neue
Mythologie zu schöpfen. Auch später tauchte der Gedanke bei
Herder wieder auf (s. unten S. 53 f.).

Daß die Frühromantiker der Anregung Herders nicht mit
vollerem Danke gedachten, hatte noch einen besonderen Grund.
Der O r g a n i s m u s g e d a n k e ist der Schlüssel der romantischen
Weltanschauung. Ihn hatte Herder schmieden helfen, aber nur
Schelling scheint das ganz erkannt zu haben. Die anderen Frühromantiker schrieben dieses Verdienst auf Goethes Rechnung.
Wirklich hatte Goethe mindestens gleich starken Anteil wie Herder
(36, S. XXXV ff.). Die Frühromantiker, die im Gegensatz zu
Schelling nicht von der naturhistorischen, sondern von der ästhetischen Seite an den Organismusbegriff herantraten, fanden ihn
für ihre Zwecke deutlicher entwickelt in Kundgebungen Goethes
aus der Zeit nach der italienischen Reise; am nächsten lag ihnen
die von Goethe inspirierte Schrift „Über die bildende Nachahmung
des Schönen" (1788) von Karl Philipp Moritz. So stattete
Wilhelm Schlegel in den Berliner Vorlesungen (1, 102 f.) fast

überschwenglichen Dank an Moritz ab. Knapp und gemeinverständlich ist hier der romantische Organismusgedanke in seiner ästhetischen Anwendung, zugleich aber auch in seiner Schellingschen Begründung zum Ausdruck gebracht. Ohne Einschränkung wird zugegeben, daß Moritz allein in diesem höchsten Sinne den Grundsatz der Nachahmung für die Künste aufgestellt habe. Dennoch war Moritz nur einer unter vielen, die an dem werdenden Gedanken des organischen Kunstwerks gearbeitet hatten. Wilhelm Schlegel nennt indes ihn allein; und dabei gebraucht er den Vergleich des Künstlers mit Prometheus, der auch die Natur nachahmte, „als er den Menschen aus irdischem Ton formte und ihn mit einem von der Sonne entwandten Funken belebte" — einen Vergleich, der seit Shaftesbury mit dem ästhetischen Organismusproblem gern verknüpft wird und Goethe besonders geläufig war.[1]

Doch auch Schelling fand bald in Goethes naturwissenschaftlichen Arbeiten reichere Anregung als bei Herder. Und so wurde von ästhetischer wie von naturwissenschaftlicher Seite Goethe zuletzt überall da zum alleinigen Anreger der Romantiker gestempelt, wo Herder mitschaffend nach gleichen Zielen gerungen hatte.

3. Romantische Charakterzüge: Proteisches, Magie, Sehnsucht nach dem Absoluten.

Zwei frühromantische Lieblingsgedanken weisen auf Shaftesbury und über ihn auf Platon und auf den Neuplatonismus zurück: der Gedanke des allseitigen Menschen und der Gedanke des Organismus, angewandt auf Natur und Kunst. Beide Gedanken sind dem Klassizismus und der Romantik gemein. Beide scheinen Gewähr zu leisten, daß die Romantik ihr Dasein auf ebenso festem und sicherem Grunde aufbaue wie der Klassizismus. Einheitliche, ausgeglichene Persönlichkeiten, Menschen, deren Innenleben die volle Sicherheit eines Naturprozesses an sich hat: dies ist als das Endziel romantischer Lebenskunst gedacht. Wie kam es, daß die Romantiker in ihren äußeren und inneren Lebenseigenheiten oft das gerade Gegenteil solcher in sich ruhenden Festigkeit darstellen?

---

1) Vgl. meine Schrift „Das Prometheussymbol von Shaftesbury zu Goethe" (1910).

Der Frühromantiker iſt philoſophiſch viel zu gut geſchult, als
daß er meinen könnte, das Ziel der Einheitlichkeit je zu erreichen.
Wie Schiller weiß auch Friedrich Schlegel, daß die ſeeliſche Harmonie ein Ideal darſtellt, dem man ſich wohl nähern, in deſſen
Beſitz man indes nie gelangen kann. Die moderne Kulturwelt
iſt zu reich an Gegenſätzen, als daß der einzelne aus vollem
Bewußtſein heraus zu dem inneren Ausgleich kommen könnte,
der einſt wie ein Geſchenk des Himmels dem Menſchen zugefallen
war. Da jedoch Harmonie Verbindung und Verknüpfung der
Gegenſätze iſt, meint der Romantiker dem Ideal der Harmonie
näher zu kommen, wenn er von einem Gegenſatz zum anderen
ſich wendet und ebenſo raſch zum erſten zurückkehrt. Dieſes Hin-
und Herpendeln zwiſchen den Extremen widerſpricht der klaſſi-
ſchen Ethik. Der Romantiker hingegen glaubt auf ſolche Weiſe
am beſten der Gefahr der Einſeitigkeit zu entgehen, die zu meiden
ja auch dem Klaſſizismus heiliges Gebot war. Und ſo wird er
zum Proteus, zum grundſätzlichen Dualiſten. Friedrich Schlegel
erblickt in Widerſprüchen das Kennzeichen aufrichtiger Wahr-
heitsliebe und Vielſeitigkeit. Das iſt romantiſch; auch Tiecks
William Lovell erklärt, er ſei wandelbarer als Proteus oder
ein Chamäleon. Zugrunde liegt das Bewußtſein, daß Wider-
ſprüche nicht ausbleiben können, wenn man immer feiner und
feiner differenziert. Es kündigt ſich Hegels Philoſophie und ihre
Lehre vom Widerſpruch, von dem ſteten Umſchlagen der Theſis in
die Antitheſis an; ſie war vorbereitet, ſeitdem Kant, Fichte und
Schiller ihre Leſer gewöhnt hatten, Gegenſätze aufzuſtellen und
zu einer höheren Einheit zu verbinden, alſo in triadiſchem Rhythmus zu denken. Friedrich Schlegel verwertet ſelbſt ſehr früh
die Kantiſchen Kategorien Einheit, Vielheit, Allheit zu ſittlichen
Zwecken und möchte den Menſchen von der Einheit zu ihrem
Gegenpol, der Vielheit, führen um ihn ſo der Allheit zu nähern
(an Wilhelm, Oktober 1793, S. 124). Noch in ſeinen philoſophi-
ſchen Vorleſungen von 1804/6 (Windiſchmann 1, 76. 93 f. 108)
arbeitet er mit dieſen Begriffen. Sein Schüler Adam Müller
tritt 1804 mit einem Buch „Die Lehre vom Gegenſatze" auf den
Plan. Auch Schellings Naturphiloſophie kann den Begriff des
Gegenſatzes nicht entbehren, für den ſie die Formel der Polarität — wie Goethes naturwiſſenſchaftliche Forſchung — benutzt.

Unter den Begriffen Einheit und Vielheit, denen Fr. Schlegel, um zur Allheit zu gelangen, gleichmäßig gerecht werden wollte, verbergen sich Ansprüche, die heute noch in voller Kraft bestehen. Auf der einen Seite das Verlangen, die Welt in großen Zusammenfassungen zu umspannen, auf der anderen Seite der Wunsch, frei von systematischen Banden das Leben in seinen geheimsten Reizen auszukosten. Das sind die Gegensätze, zwischen denen die Romantik sich dauernd hin und her bewegt, die Pole, die sie zu verbinden sucht. In Novalis ist dieses Bedürfnis, alles Geschehen begrifflich zu deuten und zugleich ohne gedankliche Voreingenommenheit zu erleben, vielleicht am stärksten entwickelt; es hat ihm manche schwere Stunde gebracht. Das Erbe der überreichen Gedankenwelt des 17. und 18. Jahrhunderts, das einerseits von Descartes, Leibniz, Spinoza und Kant, anderseits von Bacon, Locke, Berkeley, Hume und von den Materialisten Frankreichs erbracht worden war, legte den Nachfahren kein leichtes Joch auf.

Menschlich liegt der Verherrlichung des Gegensatzes, dem proteischen Wesen der Romantik das faustische Bewußtsein zugrunde: „Wie ich beharre, bin ich Knecht." Volle Bewegungsfreiheit will sich die Seele erhalten. Eine unendliche Bestimmbarkeit, die auch in den Augen Schillers ein Vorzug ist, bleibt dem Menschen, der proteisch sich wandeln kann, am sichersten gewahrt. In letzter Linie aber ruht die proteische Beweglichkeit der romantischen Seele auf dem Bewußtsein, sich jeden Augenblick über sich selbst erheben zu können. In diesem Bewußtsein wurzelt auch die ro mantische Ironie. Novalis sagt einmal, der Adel des Ichs bestehe in freier Erhebung über sich selbst. Fichtes Lehre von der intellektuellen Anschauung rechtfertigte den Brauch der romantischen Genossen, dem Spiele ihres eigenen Ichs jederzeit betrachtend zuzusehen. Dem 18. Jahrhundert war es längst schon eigen gewesen, das Ich in ein beobachtendes und ein beobachtetes zu zerspalten. Der Romantiker blieb nur — und das ist das Neue — nicht bei der Beobachtung stehen, sondern schritt weiter, suchte willkürlich mit vollem Bewußtsein das Ich zu lenken, zu stimmen, anzutreiben, in jede beliebige Seelenlage zu versetzen.

Diesen Grundzug romantischer Persönlichkeiten stellte, nicht aus philosophischer Spekulation, sondern aus Beobachtung und

Selbstbeobachtung heraus, Tieck in der Gestalt William Lovells (1795/6) zum erstenmal mit allen seinen Merkmalen künstlerisch dar und zugleich mit allen Gefahren, die solchen Naturen drohen. Fr. Schlegel rühmte dem Roman nach (Athenäumfragment 418), daß er einen „durchaus neuen Charakter" vorführe. Schlegel öffnete dem Dichter Tieck und seinen Genossen mit dieser Anerkennung die Augen für die typische Bedeutung der Figur Lovells. Eine romantische Natur war hier zum erstenmal dichterisch erfaßt und ihr Seelenleben bis in Tiefen ausgeschöpft, wo Selbstzerstörung und Untergang hausen. Lovell übertreibt nicht nur krankhaft den Brauch, das Ich in ein beobachtendes Subjekt und ein beobachtetes Objekt zu spalten. Ihm eigentümlich ist obendrein eine subjektive Auffassung von Außenwelt und Innenwelt, in der diese wie jene aus der Wirklichkeit ausscheiden. Fr. Schlegel hob den entscheidenden Charakterzug sofort hervor: „Lovell ist ein vollkommner Phantast in jedem guten und in jedem schlechten, in jedem schönen und in jedem häßlichen Sinne des Worts." Schillers Abhandlung „Über naive und sentimentalische Dichtung" umschreibt das Wesen des Phantasten: er verläßt die Natur aus bloßer Willkür, um dem Eigensinne der Begierden und den Launen der Einbildungskraft desto ungebundener nachgeben zu können. „Aber eben darum, weil die Phantasterei keine Ausschweifung der Natur, sondern der Freiheit ist, also aus einer an sich achtungswürdigen Anlage entspringt, die ins Unendliche perfektibel ist, so führt sie auch zu einem unendlichen Fall in eine bodenlose Tiefe und kann nur in einer völligen Zerstörung sich endigen" (12, 263). Schillers Angaben stimmen genau zu dem Wesen und Lebensgange Lovells. Lovell ist Solipsist: „Die Wesen sind, weil wir sie dachten"; „Wir sind das Schicksal, das sie [die Welt] aufrecht hält"; „Die Tugend ist nur, weil ich selber bin, ein Widerschein in meinem innern Sinn"; „Die Tugend ist nur, weil ich sie gedacht" (6, 178). Gleichem Solipsismus wich Novalis nicht immer mit Erfolg aus. Die unbegrenzte Macht, die er, von Fichte ausgehend, dem Willen des Menschen zuschrieb, zeigt, wieviel er mit Lovell gemein hatte. Jean Paul, der die Galerie problematischer Naturen jener Epoche um mehr als ein Bild bereicherte, verfolgte von Anfang an die seelischen Störungen, die durch die Zweiteilung des Ichs wachgerufen werden, und gelangte so schon im „Hesperus" (1795) und „Siebenkäs" (1796/7) zu dichterischer Formung des Doppelgängermotivs, das nach ihm von E. T. A. Hoffmann vielgestaltig verwertet worden ist.[1] Vollends Roquairol im „Titan" (1800/3) ist nächster Nachbar Lovells, ist eine so typische Gestalt, daß seine Züge noch bei Byron oder in Benjamin Constants „Adolphe" (1816) sich nachweisen lassen.

An Fichtes „intellektuelle Anschauung" denken Jean Paul und Hoffmann, wenn sie von den Seelenleiden des Doppelichs erzählen. Bei Novalis wurde die intellektuelle Anschauung zu einer Magie, die dem Menschen ermöglicht, sich auch physisch zu bestimmen. Fichtes zweite Einleitung in die Wissenschaftslehre (1, 463) nennt die intellektuelle Anschauung das unmittelbare Bewußtsein, daß ich handle, und was ich handle: sie ist das, wodurch ich etwas weiß, weil ich es tue. „Ich kann keinen Schritt tun, weder Hand noch Fuß bewegen, ohne die intellektuelle Anschauung meines Selbstbewußtseins in diesen Handlungen; nur durch diese Anschauung weiß ich, daß ich es tue, nur durch diese unterscheide ich mein Handeln und in demselben mich von dem vorgefundenen Objekte des Handelns." Novalis billigt Fichte zu, er habe den tätigen Gebrauch des Denkorgans gelehrt und entdeckt (Minor 2, 193); aber er fragt sich, ob Fichte auch die Gesetze des tätigen Gebrauchs der Organe überhaupt entdeckt habe. Er meint, auf dieselbe Art, wie wir unser Denkorgan in beliebige Bewegung setzen, wie wir die Bewegungen des Denkorgans in Gebärden äußern, in Handlungen ausprägen, müßten wir auch die inneren Organe unseres Körpers bewegen, hemmen, vereinigen und vereinzeln lernen. Er denkt an die Möglichkeit, eine willkürliche Herrschaft über einzelne, gewöhnlich der Willkür entzogene Teile unseres Körpers zu erlangen. Er hält es nicht für ausgeschlossen, daß der Mensch dann, wahrhaft unabhängig von der Natur, imstande sein werde, verlorene Glieder wiederherzustellen und sich bloß durch seinen Willen zu töten. Kühne, überschwengliche Hoffnungen erheben sich hier; der freien

---

1) Die allmähliche Steigerung des Solipsismus im 18. Jahrhundert erwog an Goethes „Werther", Jacobis „Woldemar", Moritz' „Anton Reiser" und Tiecks „Lovell" geistreich F. Brüggemann, Die Ironie als entwicklungsgeschichtliches Moment, 1909. Über das Doppelgängermotiv: J. Czerny, Jean Pauls Beziehungen zu E. T. A. Hoffmann, 1907/8, 2, 10ff. Vgl. auch F. Wüstling, Tiecks William Lovell, 1912.

Selbstbestimmung des Menschen werden weiteste Grenzen gezogen. Der Mann, der sich mit diesem Gedanken trug, war selbst lange Zeit bemüht, durch den bloßen Willen zu sterben. Konnte die willkürliche Bestimmbarkeit im romantischen Sinne, konnte der Wunsch, sich über sich selbst zu erheben, dem Spiele der eigenen Seele zuzuschauen und es nach Willen zu lenken, weiter getrieben werden? Und dennoch glaubte Novalis nur die Gedanken Fichtes weiterzudenken, dann wohl auch die von Hemsterhuis.

Fichtes Lehre vom Ich, das das Nichtich setzt, begegnet zustimmend und bekräftigend sich in Hardenbergs Kopfe mit der Anschauung seines Lieblingsphilosophen Hemsterhuis, daß die Wirklichkeit das schöpferische Resultat unserer inneren und äußeren Organe sei. Unter diesen Organen steht bei Hemsterhuis an erster Stelle das moralische Organ. Den moral sense der Engländer aufnehmend, deutet das moralische Organ auf Lockes innere Erfahrung; zugleich aber ist es der Keim einer unendlichen Verbesserungsmöglichkeit des Menschen und einer Annäherung an die Gottheit. Die Hoffnungen, die Hemsterhuis auf das moralische Organ setzte, leuchteten Novalis ein. Die beiden Philosophen, die dem Menschen eine so große Macht über die Erscheinungswelt liehen, bestärkten Novalis immer mehr in seiner Neigung, die Ekstase (sie spielt eine wichtige Rolle in den Lehren Plotins und des Neuplatonismus) zum Maßstab der menschlichen Kraft und der Wirkungen menschlichen Willens zu machen. Er wird zum Magier im strengsten Sinne des Wortes und stützt sich dabei auf die idealistische Philosophie seiner Zeit; darum nennt er sein System „magischen Idealismus".[1] Nur ein Dichter konnte so halsbrecherische Pfade des Denkens wandeln und für Willensbetätigung halten, was lediglich Werk der Phantasie war. Daß da überall die Spuren des geheimen inneren Dranges zu künstlerischer, genialer Schaffenskraft zu bemerken seien, hebt sehr richtig W. Olshausen hervor (Friedrich v. Hardenbergs Beziehungen zur Naturwissenschaft seiner Zeit, 1905, S. 70 f.). So ist denn Novalis von der Philosophie zur Dichtung zurückgekehrt. Als

---

1) Vgl. Euphorion 15, 610 ff. 792 ff.; S. Bulle, S. Hemsterhuis und der deutsche Irrationalismus des 18. Jahrhunderts, 1911.

Dichter konnte er dem grenzenlosen Drange genügen, bestimmend und bedingend die Wirklichkeit zu formen. Sobald er diese Tatsache erkannt hatte, wurde ihm Philosophie und Poesie ein und dasselbe. Die Ästhetisierung der Philosophie, die bei Friedrich Schlegel und besonders bei Schelling ein Glaubenssatz von entscheidender Wichtigkeit wird, gewinnt aber auch bei Novalis nicht etwa den Charakter eines Verzichts. „Die Poesie ist das echt absolut Reelle. Dies ist der Kern meiner Philosophie. Je poetischer, je wahrer", sagt er (3, 11; vgl. 376). Der Philosoph vergibt sich nichts und verzichtet auf nichts, wenn er Poet wird. Denn Poesie ist Wahrheit. Einst hatte A. G. Baumgarten Leibnizische psychologische Konstruktionen auf das Ästhetische angewendet und die Kunst zu einer Vorstufe der Erkenntnis gemacht. Schillers „Künstler" trieben den Gedanken weiter und suchten darzutun, daß der Mensch nur durch das Morgentor des Schönen in der Erkenntnis Land dringe. Novalis aber schätzte ebenso wie Schelling die Poesie noch weit höher ein; nicht bloß eine propädeutische Bedeutung komme ihr zu, sie ist nicht nur ein Weg zur Erkenntnis, sondern Erkenntnis selbst.

Die Anschauung, daß Poesie das „absolut Reelle" sei, daß sie der Wahrheit gleichkomme, deutet nicht bloß auf eine philosophische Überzeugung, hinter den Dingen, hinter den Erscheinungen der Sinnenwelt liege die wahre Welt, sondern sie erkennt in der Poesie tatsächlich ein Mittel, das Absolute zu erfassen. Hier komme wirklich im Endlichen das Unendliche zur Geltung, hier werde das Absolute zum Erlebnis.

Der tiefste Grund des Ringens nach dem Unendlichen ist das Bewußtsein, daß dem Menschen eine Bestimmung gegeben ist, die über die Grenzen des Erdendaseins hinausreicht. Sehnsüchtig blickt der Romantiker über das Erdendasein hinweg und sucht den Weg vom Endlichen zum Unendlichen. Wie quälend solche Sehnsucht werden kann, die aller Befriedigung spottet, weiß William Lovell (6, 128 f.). Doch der Romantiker findet ein Mittel, sie zu stillen: die Liebe. Schon am 17. Mai 1792 bekennt Friedrich Schlegel seinem Bruder (S. 46) seine Sehnsucht nach dem Unendlichen. Und schon in diesen Tagen verknüpft er diese Sehnsucht mit dem Begriff der Liebe. Das Herz meine das unendliche Gut, das ihm fehle, im Geliebten zu finden: diese Sehnsucht, diese Liebe gestattet dem Menschen, ins Absolute und Ewige hinüberzugreifen. Der Begriff der Sehnsucht wird in seiner philosophischen Bedeutung ähnlich von Fichte erfaßt. Fichte umschreibt ihn in der „Grundlage der gesamten Wissenschaftslehre" (1794, S. 303) als den „Trieb nach etwas völlig Unbekanntem, das sich bloß durch ein Bedürfnis, durch ein Mißbehagen, durch eine Leere, die Ausfüllung sucht, und nicht andeutet, woher? — offenbart". Dieses Sehnen ist für Fichte Voraussetzung aller Erkenntnis und aller Sittlichkeit; es ist die ursprüngliche, völlig unabhängige Äußerung des im Ich liegenden Strebens. In der Feststellung solcher Sehnsucht gab Fichte der Romantik das Mittel, ihr innerstes Wesen zu erkennen. Denn der Drang des Vernunftmenschen nach dem Unendlichen und Ewigen hat sich uns ja von Anfang als ein Kennzeichen der romantischen Generation ergeben. Romantisch ist es fernerhin, daß der Vernunftmensch sich dieser Zusammenhänge vollinhaltlich bewußt ist. Den Drang nach dem Ewigen, das metaphysische Bedürfnis, findet der Romantiker überall da wieder, wo er Sehnsucht empfindet. Und so rückt denn auch Liebe in den Kreis des metaphysischen Bedürfnisses hinein; zunächst eine geistige Liebe im Sinne Platons und Plotins, eine Begeisterung für das Erkennen, ein geistiger Zeugungstrieb, bestrebt, uns dem Göttlichen zu nähern, eine sehnsuchtsvolle Liebe zum Göttlichen, eine religiöse Liebe zum Unendlichen, wie Schleiermacher sie vertritt. Diese mystische und der deutschen Mystik sehr geläufige Liebe bleibt aber nicht bloß innerhalb der Grenzen des Religiösen stehen. Auch die Liebe des Mannes zum Weibe gesellt sich hinzu. Und so erweitert sich romantische Sehnsucht zu einem allumschlingenden Bande, das Erkenntnis, Religion und Leidenschaft verknüpft. Darum führt Novalis' Märchen von Hyazinth und Rosenblütchen den Liebenden in die Arme der Geliebten, wenn er das verschleierte Bild von Sais zu enthüllen, die volle Wahrheit zu erkennen strebt. Darum konnte Novalis in dem Traume von der blauen Blume alle romantische Sehnsucht nach dem Absoluten symbolisch darlegen. All das aber liegt schon in Friedrichs Brief an Wilhelm vom 17. Mai 1792 vorgedeutet, der die Sehnsucht nach dem Unendlichen zu einem Beweggrund der Liebe stempelt. In dieser romantisch gefaßten, religiös gefärbten Liebe zu Gott und zum Weibe kommt die Sehnsucht des Romantikers nach dem Absoluten zur Ruhe. Das Unendliche wird mithin nach romantischem Glaubensbekenntnisse von der Vernunft gefordert und gedanklich erfaßt, von der Poesie veranschaulicht und in der Liebe erlebt. Ein Glaubensbekenntnis der Sehnsucht, die über alles Erdendasein in unermeßliche Weiten hinauszufliegen sich anschickt, der aber in dieser Welt doch zweifach Erfüllung und Stillung werden kann: durch Poesie und durch Liebe. Liebe ist dabei im göttlichen und im menschlichen Sinne gefaßt, ist ebenso religiöse Liebe zu Gott wie rein menschliche Liebe. [1]

Schon in diesen vorläufigen Ausführungen kennzeichnet sich die Entwicklungsbahn, die von den Romantikern durchlaufen worden ist. Ihr Verlangen nach der Erfassung des letzten Grundes, aus dem die Welt erwachsen ist, stößt zunächst auf die festgefügten Mauern, in denen Kant die Grenzen der menschlichen Erkenntnisfähigkeit gezogen hat. Sie erfahren, daß ihre heiße Sehnsucht nach dem Ewigen und Unendlichen Sehnsucht bleiben soll. Aus dieser Enttäuschung wächst die Lehre von der romantischen Ironie; sie bedeutet, daß der Romantiker des unüberbrückbaren Gegensatzes seiner metaphysischen Ansprüche und ihrer Erfüllung sich stets bewußt bleibt. Dennoch hält er Umschau nach den Mitteln, die ihn dem Ewigen näher bringen können. Nun soll die Stärke seines Geistes nicht länger nur auf das Bewußtsein sich beschränken, daß er mehr will und fordert, als ihm je geschenkt wird. Von verschiedenen Seiten vielmehr bieten sich Mittel und Wege, das Absolute zu ergreifen. In der Liebe und in der Poesie verschlingt sich das Zeitliche mit dem Ewigen, das Endliche mit dem Unendlichen. Jetzt wird der romantische Ironiker zum Seher und Propheten.

Nicht dem kühlen, bedächtigen Denker eignen solche Hoffnungen; romantisches Denken schweift immer wieder aus in die Welt der Phantasie, so wie dem romantischen Künstler der Denker stets über die Schulter blickt. Wären die Romantiker, Schelling eingeschlossen, nicht Poeten gewesen, sie hätten nie den Enthusiasmus besessen, der zu ihrer Lehre vom Erleben des Ewigen gehört. Solchen Enthusiasmus verherrlichte Friedrich Schlegel

---

1) A S. 384 ff. A. Schier, Die Liebe in der Frühromantik, 1913.

schon am 21. Juli 1791 in einem Briefe an den Bruder Wilhelm und, Goethes „An Schwager Kronos" zitierend, gestand er: „Wenn wir im Ernst alles Enthusiasmus unfähig sind, dann ist es die rechte Zeit zur Abfahrt." Je näher die Frühromantik dem Unendlichen zu kommen glaubt, desto häufiger erscheint der Begriff Enthusiasmus in Friedrich Schlegels Äußerungen. In den letzten Aufsätzen des „Athenäums" kehrt er immer wieder. Novalis faßte sogar den Gedanken einer „Kultur des Enthusiasmus" (3, 44). Die vierte These endlich, die Fr. Schlegel am 14. März 1801 vor der Jenenser Fakultät vertrat, lautete: „Enthusiasmus est principium artis et scientiae."

Auf den Enthusiasmus, der über alles Endliche wegfliegen möchte, berief sich in seiner scherzhaften Abhandlung: „Der Philister vor, in und nach der Geschichte" (1811, S. 13) Clemens Brentano: „Nehmen wir das Wort Student im weiteren Sinne ... eines Menschen ..., der in der Erforschung des Ewigen, der Wissenschaft oder Gottes begriffen, der alle Strahlen des Lichtes in seiner Seele freudig spiegeln läßt, eines Anbetenden der Idee, so stehen die Philister ihm gegenüber."

Brentano hatte, wie die große Mehrheit seiner Altersgenossen, gegen die spekulativen Neigungen der Frühromantik sich vielfach geäußert, in Ernst und in Spott. Wären die jüngeren Romantiker auch nicht dem Sturm und Drang innerlich näher gekommen, sie waren doch (und voran Brentano) viel zu echtromantische Proteusnaturen, als daß sie knechtisch bei jedem Worte der älteren Genossen beharrt hätten. Und wenn sie wie diese gegen den Philister kämpften, so freute es sie (besonders Eichendorff), im eigenen Lager der Romantiker etwas Philisterhaftes aufzuspüren. Philisterhaft aber schien ihnen manches der Schlagworte frühromantischer Spekulation. Trotz all dem bezeugt die Stelle aus der Philisterabhandlung, wie innig Brentanos Sinn mit dem Lebensgefühl der Frühromantiker verbunden war. In diesen letzten und höchsten Ansprüchen trafen alle Romantiker zusammen.

Nur noch ein Zeugnis bewähre dies! Es stammt von einem Mann, den Kurzsichtige gern nicht nur zur Frühromantik, auch zur ganzen Romantik in Gegensatz bringen: von Uhland. In einem Jugendaufsatz umschrieb er den Begriff des Romantischen ganz so, wie er hier nach den Bekenntnissen der Frühromantiker gefaßt worden ist: „Der Geist des Menschen, wohl fühlend, daß er nie das Unendliche in voller Klarheit in sich auffassen wird, und müde des unbestimmt schweifenden Verlangens, knüpft bald seine Sehnsucht an irdische Bilder, in denen ihm doch ein Blick des Überirdischen aufzudämmern scheint. . . . Dies mystische Erscheinen unseres tiefsten Gemütes im Bilde, dies Hervortreten der Weltgeister, diese Menschwerdung des Göttlichen, mit einem Worte: dies Ahnen des Unendlichen in den Anschauungen ist das Romantische" (Werke, her. von L. Fränkel, 2, 347 f.). Wie enge sich das an Fr. Schlegel, Schleiermacher und Schelling anlehnt, wird eine genauere Betrachtung der frühromantischen Theorie alsbald erhärten.

II. Die erste und zweite Stufe der frühromantischen Theorie.

1. Friedrich Schlegels klassizistische Anfänge.

Völlig selbstverständlich ist, daß eine Gruppe von Schriftstellern, der die Lebensfragen in erster Linie der Betrachtung stehen, in ihren ästhetischen Betätigungen immer von neuem das Daseinsproblem aufwerfen wird. Zu den unvereinbaren Widersprüchen der Romantik scheint zu gehören, daß sie, wenn sie Kunst treibt, dies um der Kunst willen tut, während doch im Hintergrunde stets die im vorigen Abschnitt entwickelten Lebensfragen stehen. Nur höchst selten kann man die Romantik bei einseitiger Verwertung der Formel l'art pour l'art antreffen. Zwar weigert sie sich wie der Klassizismus energisch, die Kunst zur Dienerin unkünstlerischer Zwecke zu machen. Da sie indes die Grenzen der Poesie ins Unendliche zu erweitern scheint, das ganze Leben ins Poetische umzusetzen und die Poesie ins Leben hineinzutragen sucht, ergibt sich ihr von selbst die Notwendigkeit, in poetischem Gewande das Leben zu deuten.

Auch dann, wenn der junge Friedrich Schlegel literar- und kulturhistorische Gedankenbauten errichtet, spürt man, daß ihm eigentlich und in erster Linie die Probleme romantischer Lebensauffassung vorschweben. Aber er ging so lange dem inneren Aufbau der Geschichte der Menschheit und ihrer Poesie nach, daß andere, zunächst Schleiermacher, Schelling und Novalis, vor ihm

an die Löjung der Aufgaben herantreten konnten, die er jelbjt
längjt, jchon in frühen Briefen an jeinen Bruder, erfaßt hatte.
Mindejtens empfängt er viele jeiner eigenen Gedanken, nachdem
jie von anderen weitergebildet waren, aus fremder Hand wieder,
ehe er jie öffentlich darlegt. Und darum hing ihm lange der Vorwurf an, er jei nur der eifrige, oft übereifrige Verwerter fremden Gutes gewejen, kein durchaus origineller Geijt. Dieje Rolle
jpielte tatjächlich nicht er, jondern jein Bruder Wilhelm.[1])

Die romantijche Theorie wird von Friedrich Schlegel zunächjt
literaräjthetijch ausgebaut. Er nimmt ein Schlagwort Herders
auf und möchte der Winckelmann der griechijchen Literatur werden; er liefert neben kleineren Verjuchen das großgedachte Bruch-
jtück jeiner „Gejchichte der Poejie der Griechen und Römer"
(1798). Dabei will er aber nicht nur charakterijieren und be-
jchreiben. Von Anfang an ijt er auf jyjtematijch-konjtruktive
Hijtorik aus. Die gejchichtsphilojophijchen Probleme, die dem
18. Jahrhundert in erjter Linie durch Roujjeau ans Herz gelegt
worden waren, finden bei ihm neue Löjungen.

Roujjeau hatte, nicht immer und nicht in jeinen reifjten Kundgebungen, aber in jeinen wirkjamjten Jugendauffäßen eine über-
kultivierte Welt zur Einfachheit des primitiven Dajeins zurück-
gerufen. Auf lange Zeit hinaus drehte jich die Gejchichtsphilo-
jophie dank Roujjeaus Anjtoß nur um dies eine Problem. Das
Glück der primitiven Gejelljchaftsordnung oder vielmehr -un-
ordnung erjchien jofort den deutjchen Denkern wenig glaubhaft.
Der deutjche Idealismus verzichtete vollends früh darauf, den
Menjchen zu einem zweifelhaften kulturlojen Glück zurückführen
zu wollen, und juchte ihn im Gegenteil zu kulturell höherer gei-
jtiger Vollkommenheit zu leiten. Kant, Fichte, Schiller, aber
auch Hemjterhuis wiejen dieje Wege. Nicht Glück, jondern jitt-
liche Güte, nicht ein geijtlojes, goldenes Zeitalter der Vergangenheit, jondern ein geijterfülltes der Zukunft wollte Schiller
erzielen (11, S. LXII f.); keiner trug jich zuverjichtlicher mit
diejer Hoffnung als Novalis.

Dabei mußte freilich im Sinne Roujjeaus zugejtanden werden,

---

1) Vgl. C. Enders, F. Schlegel, Die Quellen jeines Wejens und Werdens, 1913.

daß die Kultur den Menschen unharmonisch und einseitig gemacht habe. Es blieb, wollte man diesen Nachteil nicht ruhig hinnehmen, nur übrig, die verlorene Harmonie zum Zukunftsbild, zu einem Ideal zu machen, dem der Mensch rastlos zuzustreben habe, das er aber niemals ganz erreichen könne. Diese kulturhistorische Konstruktion deckt sich mit sittlichen Ansichten, die der Romantik wie dem Klassizismus eigen sind. Dem Romantiker Friedrich Schlegel hätte es nahegelegen, sofort für die zwar zwiespältige, aber geistig reichere Beweglichkeit moderner Kultur gegen die schlichtere Harmonie alter Kultur Partei zu nehmen. Merkwürdigerweise steht sein Aufsatz „Über das Studium der griechischen Poesie" (1797) gerade auf entgegengesetztem Standpunkte. Nicht aus Eigenem ist er zu gerechterer Würdigung der modernen Kultur gelangt, sondern zumeist durch Schillers Anregung. Er durchläuft, ehe er dieser Anregung nachgibt, eine Periode „revolutionärer Objektivitätswut"; und nur nachdem er sie überwunden hatte, erwachte in ihm der Romantiker zu vollem Bewußtsein.

Der Aufsatz „Über das Studium der griechischen Poesie" ist wie die Skizzen „Über die Grenzen des Schönen" und „Vom Wert des Studiums der Griechen und Römer" bemüht, das Verhältnis antiker und moderner Kunst und Kultur zu bestimmen. Dieselbe Aufgabe suchten in der zweiten Hälfte des 18. Jahrhunderts unter dem Eindruck von Winckelmanns Deutung der Antike nicht nur Herder, Goethe, Schiller, W. v. Humboldt, auch Garve, Forster, Bouterweck und viele andere zu lösen. An die Stelle von Rousseaus Gegensatz eines zwar primitiven, aber harmonisch glücklichen Naturlebens und der vereinseitigenden, glückraubenden Kultur trat in den Erörterungen über Antik und Modern der Gegensatz antiker Einheitlichkeit und moderner Zwiespältigkeit. Winckelmanns Auffassung von der edlen Einfalt und stillen Größe des Griechentums hatte es ermöglicht, in Rousseaus Antithese für die Ungebrochenheit der Urvölker die künstlerisch geadelte Harmonie Griechenlands einzusetzen, die ein würdigeres Vorbild für den hochgebildeten Sohn des 18. Jahrhunderts darstellte als die Geistesarmut der Primitiven. Die seelischen Vorzüge der Primitiven, zunächst die volle Einheitlichkeit, blieben diesem idealisierten Naturvolke alter Griechen bewahrt.

Dabei erblickte man die Griechen der Zeit des Sophokles und Pheidias auf einer Stufe unbewußt triebartiger Kunst, die einer Gleichstellung der Griechen und der Primitiven Rousseaus noch stärker entgegenkam. Friedrich Schlegel legte wie Schiller, von diesen Voraussetzungen ausgehend, Kants historischen Maßstab an die Antiken und Modernen und fand dort „Natur", hier „Kunst", d. h. Künstlichkeit. Er nahm diese Begriffe so ernst, daß er in dem Aufsatze „Vom Wert des Studiums der Griechen und Römer" der antiken Kulturentwicklung die Bewegung des Kreislaufes, der modernen ein dauerndes Fortschreiten zu-billigte. Denn naturgemäße, organische Entwicklung vollzieht sich nach Herder in kreisförmiger Bahn; in der bewußten künst-lichen Entwicklung hatte Kant die Notwendigkeit fortwährenden Aufwärtssteigens gefunden.

Wenn aber Friedrich Schlegel Antik und Modern vergleicht, konstruiert er nicht bloß, vielmehr sucht er das Wesen beider Arten in anschauender Betrachtung zu ergründen. Und da gelangt er, ganz im Sinne einer feinen Bemerkung Goethes (Italienische Reise, 17. Mai 1787) und wahrscheinlich angeregt von einer Be-obachtung Bouterwecks, zu der Erkenntnis, daß in der modernen Poesie ein Übergewicht des Individuellen, Charakteristischen und Philosophischen herrsche, daß sie auf das Interessante, Pikante und Frappante ausgehe. Sobald das Interessante als aus-zeichnende Eigenheit der modernen Poesie erkannt war, durfte Friedrich Schlegel nach Kants „Kritik der Urteilskraft" erklären, daß moderne Poesie überhaupt mit dem Schönen nichts zu tun habe; denn nach Kant erweckt das Schöne ein interesseloses Wohl-gefallen. So blieb der antiken Poesie allein das Vorrecht, der Welt des Schönen anzugehören. Die moderne erschien ihr gegen-über als manieriert; der Ausdruck ist Goethes Sprachgebrauch (33, 54 ff.; vgl. Jahrbuch der Goethe-Gesellschaft 1, 41 f. = A. S. 294) entnommen. Und goethisch ist es, wenn dieser manierierten Poesie des Interessanten die klassische Poesie als objektiv entgegengestellt wurde. Auch Chr. Gottfr. Körner, Schillers Freund, der damals ganz unter dem Eindrucke von Goethes Ästhetik steht, liebt den Begriff des Objektiven; von Körner hat Friedrich Schlegel in seiner Frühzeit starke Anregung erfahren. Endlich enthüllte sich die griechische Poesie in ihrer historischen Entwicklung, eben wegen

ihrer Naturgemäßheit, wegen ihres organiſchen, durch keiner-
lei fremde Abſichten getrübten Aufſtiegs als „ewige Naturge-
ſchichte des Geſchmacks und der Kunſt".

Dem Griechentum und ſeiner Poeſie war durch dieſe Ableitung eine ausgezeichnete Sonderſtellung zugewieſen, wie ſie in
gleicher Höhe kurz vorher und wahrſcheinlich unter W. v. Hum-
boldts Einwirkung Schillers Briefe „Über die äſthetiſche Erziehung" (1795) gefordert hatten. Es war darum nicht ganz
gerecht von Schiller, wenn er in den „Xenien" über Fr. Schlegels Gräkomanie ſpottete und die tiefere Wahrheit, die er der
Welt verkündet hatte, von Fr. Schlegel auf den Kopf geſtellt
ſah. Wohl aber hatte Schiller ſelbſt inzwiſchen ſeinen Standpunkt geändert. Die Abhandlung „Über naive und ſentimentaliſche Dichtung" (1795/6) erwog, welche Vorzüge trotz aller
Bedeutung und Größe antiker Dichtung dem modernen Dichter
übrigblieben; ſie fand dieſe Vorzüge in der höheren geiſtigen
Kultur, in dem ſtärker entwickelten Vernunft- und Ideenmenſchen-
tum des modernen ſentimentaliſchen gegenüber dem antiken
naiven Poeten.

Denn der Proportion Fr. Schlegels: „Antik zu Modern wie
Objektiv zu Intereſſant" entſpricht Schillers Proportion „Antik
zu Modern wie Naiv zu Sentimentaliſch". Irregeleitet durch die
Erſcheinungsdaten der ſtoffverwandten Arbeiten Schillers und
Schlegels, hat man fälſchlich gemeint, Fr. Schlegel habe lediglich
Schillers Aufſtellung weitergetrieben. Tatſächlich iſt ſeine Kon-
ſtruktion längſt fertig geweſen, ehe er Schillers Abhandlung las.
Ferner aber geht Schillers Proportion nicht wie die Schlegels
auf die künſtleriſche Art und den äſthetiſchen Eindruck antiker
und moderner Dichtung; ſondern Schiller ſcheidet nach dem Na-
turgefühl, das bei dem antiken Dichter, der nach der Anſicht des
18. Jahrhunderts auf dem Naturſtandpunkt ſteht, ein naives,
bei dem modernen, der aus ſeiner zwieſpältigen Kultur heraus
nach der harmoniſchen Einheit der Natur ſich ſehnt, ein ſenti-
mentaliſches iſt. Geſehen iſt das aus der Stimmungswelt des
18. Jahrhunderts, das in hervorragender Weiſe ſentimentaliſch,
d. h. von Sehnſucht nach der Natur erfüllt war.

Der ſentimentaliſche Sehnſuchtsmenſch indeſſen iſt aufs in-
nigſte verwandt mit dem romantiſchen, ſehnſuchterfüllten Ver-

nunftmenschen. Die künstlerische Bedeutung dieser Art Menschen und Dichter wurde in Schillers Abhandlung festgestellt. Und Fr. Schlegel erfuhr durch Schiller, daß er den Sentimentalischen, den Modernen, die er zu Vertretern des Interessanten, des Nichtschönen gestempelt hatte, zu wenig gerecht worden war. Der Romantiker hatte die Gruppe, zu der die Romantiker selber zählen, schlechter behandelt als der Klassiker Schiller. Und so bleibt Schiller das Verdienst, daß er der Romantik zur Selbstbesinnung und zur Erkenntnis ihrer eigenen Bedeutung verholfen hat. Denn wirklich verschwindet Fr. Schlegels „Objektivitätswut" sofort, und er tritt gleich nach der Veröffentlichung seiner Abhandlung „Über das Studium der griechischen Poesie" rückhaltlos auf die Seite der Modernen, der Romantiker.

Die scharfen Worte, mit denen Fr. Schlegel die Modernen in seiner Arbeit bedachte, entstammen nur verkappter Liebe. Weil sie ihm innerlich näher stehen, verfährt er mit ihnen so grausam. Gehören doch seine Lieblinge Dante und Shakespeare zu ihnen. Noch weist er beiden eine Ausnahmestellung unter den Modernen zu. Aber auch jetzt ist er schon von bester Hoffnung für die neueste und die kommende deutsche Poesie erfüllt. Die Hoffnung stützt sich auf „ein merkwürdiges und großes Symptom", auf Goethes Poesie, die in seinen Augen die „Morgenröte echter Kunst und reiner Schönheit" (Minor 1, 114) ist. Wie das gemeint ist, zeigt Friedrichs Brief an Wilhelm vom 27. Februar 1794: „Das Problem unsrer Poesie scheint mir die Vereinigung des Wesentlich-Modernen mit dem Wesentlich-Antiken; wenn ich hinzusetze, daß Goethe, der erste einer ganz neuen Kunstperiode, einen Anfang gemacht hat, sich diesem Ziele zu nähern, so wirst du mich wohl verstehen" (S. 170).

Auch diese Briefstelle offenbart, wie Fr. Schlegel zu Anfang an dem klassischen Harmonieprinzip viel zu stark festhält, als daß ihm freie Bewegung zwischen den Gegensätzen, dieser echt romantische Zug, begehrenswert erscheinen könnte: wenn schon nicht harmonische Objektivität, so doch Harmonie von antiker Objektivität und moderner Subjektivität — so meint er es 1794. Auch da berührt er sich aufs innigste mit Schiller. Fichte war es vorbehalten, ihn zu neuen Ansichten zu leiten.

2. Fr. Schlegels Bekenntnis zum Romantischen. Romantische Poesie, romantische Ironie, Cranszendentalpoesie.

Im Handumdrehen gewinnt Fr. Schlegel nach seinem „manierierten Hymnus in Prosa auf das Objektive in der Poesie" (Lyceumfragment 7) den romantischen Standpunkt.

Die oben (S. 20 ff.) entwickelten Fichteschen Elemente des frühromantischen Glaubensbekenntnisses mußten notwendig einer höheren Einschätzung der modernen Poesie dienen. Fichtes Begriff der „intellektuellen Anschauung" hob die Bedeutung des bewußten, mit voller Selbstbestimmung schaffenden Dichters. Volle Freiheit und Beweglichkeit des Menschen wurde gleichfalls durch Fichte nahegelegt. Fichte faßte das ethisch weit strenger auf als die Romantiker; sie aber fanden nur eine Stütze ihrer proteischen Wandelbarkeit und der Leichtigkeit, mit der sie von Pol zu Pol schwebten, wenn Fichtes Vorlesungen „Über die Bestimmung des Gelehrten" (1794) behaupteten: „Alles Vernunftlose sich zu unterwerfen, frei und nach seinem eigenen Gesetze es zu beherrschen, ist letzter Endzweck des Menschen; welcher letzte Endzweck völlig unerreichbar ist und ewig unerreichbar bleiben muß, wenn der Mensch nicht aufhören soll, Mensch zu sein, und wenn er nicht Gott werden soll. . . . Aber er kann und soll diesem Ziele immer näher kommen; und daher ist die Annäherung ins Unendliche zu diesem Ziele seine wahre Bestimmung als Mensch." Im 116. Athenäumfragment übertrug Fr. Schlegel 1798 all diese Merkmale von dem Menschen auf die romantische Poesie: die romantische Poesie ist eine progressive Universalpoesie, sie ist noch im Werden; ja das ist ihr eigentliches Wesen, daß sie ewig nur werden, nie vollendet sein kann. Keine Theorie kann sie erschöpfen und nur eine divinatorische Kritik dürfte es wagen, ihr Ideal charakterisieren zu wollen. Sie allein ist unendlich, wie sie allein frei ist und als ihr erstes Gesetz anerkennt, daß die Willkür des Dichters kein Gesetz über sich leide. Punkt für Punkt kehren die Forderungen wieder, die Fichte an den Menschen und an seine progressive Universalbetätigung stellt — freilich mit jenem Zusatz, der strenge Selbstzucht in freie Willensbetätigung umwandelt. In demselben Fragment wird aber auch Fichtes intellektuelle Anschauung zur Bestimmung des Wesens romantischer Poesie verwertet, die Reflexion des denkenden und handelnden Menschen über sein Denken und Handeln, die Fähigkeit, wie in einem Spiegel sich selbst zu betrachten. Denn die romantische Poesie kann nach Fr. Schlegel am meisten zwischen dem Dargestellten und dem Darstellenden, frei von allem realen und idealen Interesse, auf den Flügeln der poetischen Reflexion in der Mitte schweben, diese Reflexion immer wieder potenzieren und wie in einer endlosen Reihe von Spiegeln vervielfachen. Diese Poesie intellektueller Anschauung gestattet vor allem dem romantischen Dichter, sich jederzeit über sein Werk und über sein eigenes Schaffen zu erheben und kritischen Blickes beide zu betrachten; sie gestattet mit einem Worte: r o m a n t i s c h e I r o n i e.

Schon die „Geschichte der Poesie der Griechen und Römer" gedenkt der sokratischen Ironie, die „das Heiligste mit dem Fröhlichen und Leichtfertigen zu verweben pflegt" (Minor 1, 239, 15). Das 42. und 108. Lyceumfragment definieren genauer; noch ausführlicher entwickelt der Aufsatz „Über die Unverständlichkeit" (2, 392 f.) die vorzüglichsten Arten der Ironie. Fr. Schlegels aphoristische Bemerkungen über Ironie fanden, vom Standpunkt weiterentwickelten romantischen Denkens, ihre tiefsinnigste Begründung im vierten Gespräch von K. W. F. S o l g e r s „Erwin" (1815). Der Gegensatz, der zwischen Schlegels Anregungen und Solgers verinnerlichter Fassung der Ironie naturgemäß waltet, wird seit Hegel gern überschätzt.

Die romantische Ironie ist mit Fichtes intellektueller Anschauung aufs innigste verbunden und mit der Forderung sich über sich selbst zu erheben, die von der Romantik aus Fichtes Formel abgeleitet wird. Zugleich aber ist sie Ergebnis des verzichtenden Bewußtseins, daß der Vernunftmensch sein metaphysisches Bedürfnis nie ganz befriedigen, daß er, im Endlichen befangen, niemals das Unendliche ausschöpfen kann. Zwischen dem Unendlichen und jedem Versuche, es in Worte zu fassen, bleibt auch für den Romantiker vorläufig noch eine unübersteigliche Kluft bestehen. Der Geist des Menschen wird sich seiner Unzulänglichkeit bewußt und mit weiser Selbstbeschränkung bringt er seine Aussprüche in eine Form, die an sich schon diese Unzulänglichkeit zugesteht; das Zugeständnis der steten Unzulänglichkeit aber bleibt

der erſte Beweis, daß der Menſch nicht in eitler Selbſtbeſpiege-
lung verharrt, ſondern durch ſeinen Geiſt über die Schwächen
ſeines Denkens hinausgehoben wird. Es iſt — fichtiſch geſprochen
— ein letztes Mittel, durch ſein Ich des Nichtichs Herr zu werden.
Darum kann Fr. Schlegel ſagen, daß die Selbſtbeſchränkung für
den Künſtler und für den Menſchen das Notwendigſte und das
höchſte ſei (Lyc.-Fr. 37).

Aus ſolcher Selbſtbeſchränkung erwächſt durch romantiſche Ironie das Bewußtſein unbeſchränkteſter geiſtiger Freiheit. Indem
der Romantiker ſcheinbar ſich ganz preisgibt, gelangt er zu höch-
ſter Beweglichkeit und uneingeſchränkteſter Selbſtbeſtimmung. Es
iſt die gleiche höchſte Stufe freieſter Menſchlichkeit, die Schillers
Briefe „Über die äſthetiſche Erziehung des Menſchen“ ins Auge faſ-
ſen, wenn ſie in der Betätigung des Spieltriebes die reinſte und
ſtärkſte Äußerung menſchlichen Weſens erkennen, wenn ſie behaup-
ten, daß der Menſch nur da ganz Menſch iſt, wo er ſpielt. Romantiſche Ironie wandelt die ſchwierigſten geiſtigen und ſeeliſchen
Denkprozeſſe auch in ein Spiel. Schillers Theorie vom Spieltrieb
aber wurzelt genau wie die Lehre von der romantiſchen Ironie
in Fichtes Denken.

Die romantiſche Ironie ermöglicht dem Menſchen, frei und
ungebunden über den Dingen zu ſchweben. Die Beweglichkeit,
die den romantiſchen Proteusnaturen unentbehrlich iſt, wird
durch ſie gewahrt. Durch ſie wird der Romantiker zur „Ur-
banität“ erzogen und jeder „Illiberalität“ entzogen. Das Bil-
dungsproblem der Romantik erhält hier ſeinen eigenſten Charakter: die von den Klaſſikern angeſtrebte Harmonie iſt nie
völlig zu erreichen; man nähere ſich ihr alſo durch freieſte Beweglichkeit (vgl. Lyc.-Fr. 55).

Ein hervorſtechender Zug dieſer romantiſchen, mit Ironie ge-
tränkten Bildung iſt der Witz. Ungezählte Spiegelungen des
Witzes finden ſich in Fr. Schlegels Aufzeichnungen. Von dem
Begriffe des Witzes, der dem 18. Jahrhundert eignet und ſich
am beſten mit dem Esprit der Franzoſen verbinden läßt, geht es
empor zu einer Form des Witzes, die unentbehrlicher Beſtandteil
der romantiſchen Weltanſchauung wird (Ath.-Fr. 116, Lyc.-Fr.
16). Das 220. Ath.-Fr. ſcheidet den rein poetiſchen Witz, der eine
Erwartung in nichts auflöſt (Fr. Schlegel hat Kants Definition

des Lachens, Kritik der Urteilskraft § 54, im Auge), von dem weit
gehaltvolleren philosophischen Witze. Den Wert des philosophischen Witzes, den Fr. Schlegel ebenso bei Bacon, Leibniz und Kant
zum Vater der wichtigsten Entdeckungen machen möchte, schätzt
er um so höher ein, da ihm Philosophie nichts anderes ist als
der Geist der Universalität, die Wissenschaft aller sich ewig mi-
schenden und wieder trennenden Wissenschaften, eine logische Chemie. Seine und Hardenbergs Fragmente sind der beste Beweis,
welche Hoffnungen beide auf die kühnsten Kombinationen einer
solchen logischen Chemie setzten (vgl. Olshausen S. 42 ff.).

Die romantische Poesie aber enthüllt sich nach den oben
dargelegten Voraussetzungen im 238. Athenäumfragment als
„Transszendentalpoesie“. Wie die Transszendentalphiloso-
phie kritisch ist und mit dem Produkte auch das Produzierende
darstellt und im System des transszendentalen Gedankens zugleich
eine Charakteristik des transszendentalen Denkens enthält, so verbindet die Transszendentalpoesie „die in modernen Dichtern nicht
seltnen transszendentalen Materialien und Vorübungen zu einer
poetischen Theorie des Dichtungsvermögens mit der künstlerischen
Reflexion und schönen Selbstbespiegelung, die sich im Pindar,
den lyrischen Fragmenten der Griechen und der alten Elegie,
unter den Neuern aber in Goethe findet“. In jeder ihrer Darstellungen soll die Transszendentalpoesie sich selbst mit darstellen
und überall zugleich Poesie und Poesie der Poesie sein.

Poesie der Poesie — wieder eins der schwierigen Schlagworte Fr. Schlegels. Im 238. Athenäumfragment geht es auf
eine Poesie, die sich selbst zum Gegenstand der Darstellung macht,
in der wir den Dichter selbst am Handwerk sehen. Es war ja eine
Lieblingsform romantischer Ironie, den Dichter und das Dicht-
geschäft in die Dichtung selbst zu versetzen, durch stete Zerstörung
des geschlossenen Kunstwerks und seiner Illusion Dichter und
Leser sich über die Dichtung erheben zu lassen. Ein Dichten also
abermals im Sinne der intellektuellen Anschauung Fichtes! Der
Dichter beobachtet sein eigenes Schaffen und bringt es in die Dichtung hinein; auch der Leser soll in voller Freiheit und Bewußt-
heit die Dichtung als Dichtung und nur als Dichtung genießen.
Die auch von Schiller und Goethe vertretene Lehre, daß das
Kunstwerk keine vollständige Täuschung hervorbringen, sondern

in dem Leſer und Zuſchauer das Gefühl wach erhalten ſolle, daß er Kunſt und nicht Wirklichkeit vor ſich habe, ward da bis auf ihre letzte Konſequenz verfolgt (vgl. W. Schlegels Berliner Vor-leſungen 1, 262, 15). Als Poeſie der Poeſie erſchien dem Kritiker Friedrich Schlegel in dieſem Sinne Goethes „Wilhelm Meiſter" (Minor 2, 171, 30 ff.).

Aber Poeſie der Poeſie bedeutet bei Fr. Schlegel noch etwas Anderes und Höheres, und zwar gleich in den Athenäumfrag-menten: „Goethes rein poetiſche Poeſie iſt die vollſtändigſte Poeſie der Poeſie" (N. 247). Hier erſcheint Poeſie der Poeſie als Gegen-ſatz zu einer Poeſie der Unpoeſie. Hier langt Fr. Schlegel nach der Löſung des ſchwerſten Problems aller Poetik, der Frage nach dem Weſen des Poetiſchen. Aber noch kann er in dieſer fichteſchen Phaſe ſeiner Theorie eine befriedigende Antwort nicht geben. Er findet ſie ſpäter (ſ. unten S. 54 ff.).

In der Theorie von der romantiſchen Ironie iſt auch die ro-mantiſche Lehre vom Genie begründet. Ein unbewußtes, traum-haft ſchaffendes Genie iſt auf ſolchem Boden nicht denkbar. Alle Vorzüge, die Fr. Schlegel in ſeiner objektiven Zeit dem triebartig ſchaffenden Künſtler nachgerühmt hatte, verlieren an Wert. Der Geniebegriff des Sturmes und Dranges wird endgültig überwun-den. Das Genie muß ſich in der Hand haben, muß fähig ſein, ſich ſelbſt zu lenken. „Solange der Künſtler . . . begeiſtert iſt, befindet er ſich für die Mitteilung wenigſtens in einem illiberalen Zuſtande" (Lyc.-Fr. 37). Und ſo kann Fr. Schlegel nur bedauern, daß es Künſtler gibt, die nicht etwa zu groß von der Kunſt denken (denn das ſei unmöglich), aber doch nicht frei genug ſind, ſich ſelbſt über ihr Höchſtes zu erheben (Lyc.-Fr. 87).

Mehr und mehr rückt Subjektivität an die Stelle, die in Fried-richs erſter Periode die Objektivität eingenommen hat. Die Dich-ter, die damals als Gegenfüßler der Griechen eine minder ehren-volle Rolle geſpielt hatten, kommen nun zu ganz anderer Würdi-gung, da ja der Wert des Modernen voll erfaßt iſt. Das Fragment des Athenäums (247), das Goethes rein poetiſche Poeſie als die vollſtändige Poeſie der Poeſie bezeichnet, nennt Dantes prophe-tiſches Gedicht das einzige Syſtem der tranſzendentalen Poeſie und immer noch das höchſte ſeiner Art, erklärt ferner, Shake-ſpeares Univerſalität ſei wie der Mittelpunkt der romantiſchen

Kunst, und findet in Dante, Shakespeare und Goethe den großen
Dreiklang der modernen Poesie.

Das „Gespräch über die Poesie" (1800) fügte nicht viel zu
diesem Urteil hinzu. Cervantes, Ariost, Sterne, Jean Paul u. a.
dienen ihm nur, das Wesen dieser nun vollauf anerkannten mo=
dernen und romantischen Poesie näher zu erläutern. Eine neue
Definition des Romantischen ergibt sich: romantisch ist, was uns
einen sentimentalen Stoff in einer phantastischen Form darstellt
(Minor 2, 370, 43). Sie gemahnt noch immer an die von Fichte
angeregten Definitionen der Athenäumfragmente. Die Hoffnun=
gen, die in dem Aufsatze „Über das Studium der griechischen
Poesie" auf die unmittelbare Gegenwart gesetzt worden waren,
finden jetzt eine neue Begründung; und auch hier wird auf den
tranzzendentalen Idealismus und auf Fichte gezielt (2, 353, 2).
Doch nicht nur an Fichte ist hier gedacht; es melden sich die Män=
ner an, die die dritte Stufe von Fr. Schlegels Theorie wesent=
lich bedingen: Schleiermacher, Schelling, Novalis.

III. Die dritte Stufe der frühromantischen Theorie.

1. Schleiermachers Anstoß.

Im Frühjahr 1799 schloß Schleiermacher seine erste selb=
ständige Veröffentlichung ab: „Über die Religion. Reden an die
Gebildeten unter ihren Verächtern". Aus Spinozastudien, die
Schleiermacher mit Fr. Schlegel gemeinsam betrieben hatte, ent=
stand das Buch; Fr. Schlegel überwachte, kritisch bemüht, mit
großer Sorgfalt den Druck. Spinozas Pantheismus oder Akosmis=
mus behauptet, alles Endliche sei im Unendlichen enthalten. Aus
dieser dogmatischen Behauptung erwächst Schleiermachers religi=
öse Forderung, in allem Endlichen das Unendliche zu erblicken.
Denn nur im religiösen Vorgang werde das Unendliche erfaßt;
und wenn der Sinn auf das Unendliche gerichtet werde, entstehe
Religion. Schleiermacher gründet seine Behauptungen auf eine
Untersuchung des seelischen Vorgangs der Wahrnehmung und
stellt in ihm den Augenblick fest, da im Menschen der Begriff
des Universums und mit ihm ein überströmendes mächtiges Ge=
fühl erwacht. Religiös ist nach dieser Betrachtungsweise ein
Mensch, den das Gefühl der Abhängigkeit vom Universum durch=

bringt. Religion ist mithin für Schleiermacher nicht Metaphysik und nicht Moral, sondern Anschauen des Universums. Eine zwiefache Absicht waltet: erstens, das Unendliche, Ewige, Eine von dem Flusse der endlichen Dinge zu trennen, damit es nicht in dessen Wellen untergehe; zweitens die Gegenwart des Unendlichen, Ewigen, Einen in den endlichen Dingen zu erfassen und den Widerstreit des Endlichen und Unendlichen zu lösen.

Auch das Individuelle ist unendlich, ist Ausdruck und Spiegel des Unendlichen. Individualität im höheren Sinne, menschliche Individualität entspringt aus der Vermählung des Unendlichen mit dem Endlichen. Jeder Mensch ist Individualität. In jeder Individualität sind aber nur die Kräfte gebunden, die das Wesen der Menschheit ausmachen; daher ist jeder Mensch ein Kompendium der Menschheit. Wenn der Mensch auch in sich selber das Unendliche gefunden hat, dann ist die Religion vollendet. Der Strahl, an dem wir aus dem Unendlichen ausgehen und als einzelne und besondere Wesen hingestellt werden, ist die Stimme des Gewissens, die jedem seinen besonderen Beruf auferlegt und durch die der unendliche Wille einfließt in das Endliche.

Selbstanschauung eröffnet uns die Anschauung des Unendlichen. Selbstanschauung wird mithin zum Organ der sittlichen Bildung. Sie läßt in der Individualität den Ausdruck und Spiegel des Universums erkennen. „So oft ich ins innere Selbst den Blick zurückwende, bin ich zugleich im Reich der Ewigkeit; ich schaue des Geistes Handeln an, das keine Welt verwandeln und keine Zeit zerstören kann, das selbst erst Welt und Zeit erschafft", heißt es in Schleiermachers „Monologen" (1800), die von der Betrachtung der Religion zur Formung seiner sittlichen Überzeugungen weiterschreiten.

Der Kern von Schleiermachers Ethik ist: ein Anspruch aller, die Menschenantlitz tragen, besteht, daß das in ihnen angelegte Ideal freien Spielraum und freudige Förderung erlange, daß Sinn und Liebe ihm begegnen und es tragen (Dilthey, Schleiermacher S. 454). Vollendung des freien individuellen Willens ist die Absicht dieser Ethik. „Immer mehr zu werden, was ich bin, das ist mein einziger Wille; jede Handlung ist eine besondere Entwicklung dieses einen Willens. Begegne dann, was da wolle!"

Zur Reife gedieh Schleiermachers Ethik in dem Nachlaßwerk „Entwurf eines Systems der Sittenlehre". Die Forderungen der „Monologen" kehren wieder, wenn hier die sittliche Aufgabe des Menschen in der vollendeten Ausbildung des Individuums gesucht wird, das in dem Gleichgewichte seiner verschiedenen Kräfte sein inneres Leben auszuleben hat. Jeder Mensch hat eine individuelle Aufgabe und erfüllt sie in einer persönlichen Durchbildung, die alle Momente des gemeinsamen Kulturlebens auf den einheitlichen Zweck der individuellen Vollendung zu beziehen hat. Das Sittengesetz offenbart sich so als innerlich notwendige Funktion des intelligenten Wesens. Nicht wie bei Kant steht es mit dem Naturgesetze in grundsätzlichem Gegensatz. Den Entwicklungsgedanken der Leibniz, Herder und Schelling ethisch deutend, läßt Schleiermacher e i n e Linie der Vervollkommnung aus der Natur in die Geschichte übergehen. Das Ideal ist nicht Vernichtung der niederen Zwecke, sondern ihr Ausgleich mit den höheren. Eine gewisse Verwandtschaft mit Schillers Versuch, den Rigorismus Kants zu mildern, ist nicht zu verkennen.

Die „Reden" übten eine so mächtige Wirkung auf die romantischen Genossen aus, daß nur bei schärfster Beobachtung Schleiermachers Anteil an der romantischen Theorie von dem Anteil Schellings zu trennen ist. Das Problem des Unendlichen, des Universums tritt fortan in die erste Linie bei den romantischen Genossen. Von dieser Stelle aus gehen die Versuche, den Menschen mit dem Absoluten in enge Verbindung zu setzen. Schleiermacher weist einen der Wege, auf denen im romantischen Sinne dem Menschen das Absolute zugänglich wird (s. oben S. 22 ff.).

2. Schelling und die Romantiker.

a) Ästhetische Weltanschauung und Organismusbegriff. Drei Phasen von Schellings Philosophie sind für Geistesgeschichte und Dichtung der Romantik wichtig: erstens seine Naturphilosophie, dargelegt besonders in den „Ideen zu einer Philosophie der Natur" (1797), in der Abhandlung „Von der Weltseele, eine Hypothese der höheren Physik" (1798) und in dem „Entwurf eines Systems der Naturphilosophie" (1799); zweitens sein ästhetischer Idealismus, den seine Schrift „System des transzendentalen Idealismus" (1805) vorträgt; drittens sein Identitätsſyſtem, das er zunächſt in dem Aufſatze „Darſtellung meines Syſtems der Philoſophie" (1801), dann aber auch in einer Reihe ergänzender Aufſätze auseinanderſetzte. Auf der erſten Stufe verknüpft Schelling Fichtes Wiſſenſchaftslehre mit Herders und Goethes vitaliſtiſcher Naturauffaſſung, auf der zweiten wendet er ſich reſolut ins Äſthetiſche und gelangt zu Ergebniſſen, die an Schiller gemahnen, die dritte Stufe iſt von Spinoza bedingt.

Schellings Naturphiloſophie faßt die Natur als ein großes Syſtem auf, das aus der Vernunft hervorgegangen iſt. Die Natur wird als die unbewußte Form des Vernunftlebens genommen, der die Tenden eignet, die bewußte Form zu er= zeugen. Die Natur iſt die Odyſſee, in der nach mancherlei Irr= wegen der Geiſt zuletzt ſchlafend ſeine Heimat, d. h. ſich ſelbſt findet. Philoſophiſche Naturerkenntnis betrachtet diesmal den ganzen Naturprozeß als ein zweckmäßiges Zuſammenwirken von Kräften, die von den niederſten Daſeinsſtufen zu den höchſten des animaliſchen Lebens und des Bewußtſeins führen. Die Natur muß dazu als ein großer Organismus gedacht werden, deſſen Teile die Aufgabe haben, Leben und Bewußtſein hervorzurufen. Die Philoſophie der Natur wird zur Geſchichte des werdenden Geiſtes, die verſchiedenen Stufen des Naturlebens ſind „Kate= gorien der Natur", notwendige Zwiſchenformen, in denen die Vernunft aus dem Unbewußtſein ins Bewußte weiterſchreitet.

Die Natur iſt mithin die werdende Intelligenz. Die Ent= wicklung die ſie zu durchlaufen hat, betrachtet das Einzelding nur als notwendiges Mittel, nicht als Selbſtzweck. Das Einzel= daſein in der Natur iſt ein vorübergehender Augenblick, in dem das Wechſelſpiel der Kräfte zum Stillſtand kommt, um gleich wieder zu beginnen. In der Natur beſteht ein Antagonismus entgegengeſetzter Kräfte. Grundform alles natürlichen Geſche= hens iſt aber nicht nur Dualismus und Polarität, ſondern auch Synthese dieſer gegenſätzlichen Momente. Damit wird Fichtes triadiſcher Rhythmus von Theſis, Antitheſis und Syntheſis zum Prinzip der Deduktion der Naturphiloſophie. Zugleich wird ein Lieblingsgedanke Goethes (ſ. oben S. 17) verwertet.

Der ethiſchen Metaphyſik Kants und Fichtes war der Gegen= ſatz von Natur und Vernunft unentbehrlich geblieben, obgleich auch ſie die Vernunftbedingtheit der Natur anerkennen mußten.

Schelling machte diesem Widerspruch ein Ende, indem er die Natur zu einem Vernunftprozeß stempelte.

Die Naturphilosophie ist die Lehre vom Werden des Ichs, der transzendentale Idealismus die Lehre vom Ich selbst. Weder im Theoretischen noch im Praktischen kommt das Ich zu seiner höchsten Entwicklung; da wie dort ist es einseitig. Nur in der ästhetischen Funktion des Ichs ist die Einseitigkeit jener beiden Tätigkeitsformen aufgehoben. Denn das Genie ist die bewußtlos-bewußte Tätigkeit des Ichs; seine Schöpfung, die Kunst, ist die vollendete Darstellung vom Wesen des Ichs. Die Kunst zeigt das volle Gleichgewicht der bewußtlosen und der bewußten Tätigkeit, das sonst in der Erfahrung nicht möglich, nur in der Unendlichkeit denkbar ist. In der Kunst allein decken sich sinnliche und geistige Welt; denn das Genie ist die Intelligenz, die als Natur wirkt. So wird die Kunst zum höchsten Organon der Philosophie; denn sie löst das Problem, an dem das philosophische Denken arbeitet. Jedes wahre Kunstwerk ist eine zur vollkommenen Ausgestaltung gelangte Erscheinung der absoluten Welteinheit. In ihm ist der Gegensatz des Denktriebes und des Willenstriebes aufgehoben.

Die Kunst ist die Vollendung des Weltlebens, sie ist die reifste Erscheinung des Ichs, das den Urgrund aller Wirklichkeit bildet. Das ästhetische Moment ist also für die Weltauffassung Schellings bestimmend geworden.

In Schellings Identitätssystem wird endlich die Stufe voll anerkannt, zu der die Natur sich in den früheren Phasen seines Denkens allmählich emporgerungen hat. Sie war durch seine Behandlung selbständig geworden und stand dem Ich ebenbürtig gegenüber. Natur und Ich verlangten nunmehr nach Ableitung aus einem gemeinsamen Grunde. Spinozas Lehre legte Schelling nahe, in Natur und Geist die beiden Erscheinungsweisen des Absoluten zu erkennen; und wie Spinoza nannte er das Absolute bald Gott.

Das Absolute ist bei Schelling weder ideal noch real, weder Geist noch Natur, sondern die ungeschiedene Vereinigung aller Gegensätze. Zugleich enthält das Absolute die Möglichkeit, sich zu differenzieren und zu einem System der verschiedenen Erscheinungen zu werden. Nach Schellings Anschauung entwickelt sich die absolute Vernunft in zwei Reihen; in der einen überwiegt die Natur, in der andern der Geist. In keiner dieser besonderen Erscheinungen kommt das Absolute zu voller Darstellung: im menschlichen Organismus z. B. überwiegt noch das physische, im besten Werke eines Künstlers das ideelle Moment. Vollkommene Entfaltung der absoluten Vernunft ist deshalb nur im Universum, in der Totalität der Erscheinungen, möglich. Das Universum ist mithin der vollkommenste aller Organismen und das vollkommenste Kunstwerk, es ist die Identität des absoluten Organismus und des absoluten Kunstwerkes.

Die Naturphilosophie der Renaissance hatte gleichfalls das Universum als einen Organismus und als ein Kunstwerk betrachtet. Darum machte Schelling 1802 den größten italienischen Naturphilosophen, Giordano Bruno, zum Anwalt seiner Lehre, und entwickelte seinen ästhetischen Pantheismus in dem Dialog: „Bruno oder über das natürliche und göttliche Prinzip der Dinge".

Auf dieser dritten Stufe tat Schellings Philosophie die fichtesche Form ab; er ging nicht weiter vom Ich aus, sondern von der Natur, also von dem, was früher von dem Ich realisiert wurde. Die Natur verlangt jetzt, unabhängig vom subjektiven Bewußtsein erkannt zu werden. —

Selbstverständlich kommen für die Frage, wie weit Schleiermachers „Reden" und „Monologen" von Schelling abhängig sind, nur Schriften der ersten Phase, also aus der Zeit der Naturphilosophie in Betracht. Schleiermachers Ausgangspunkt, von dem aus er seine realistische Freude am Endlichen sich erobert, ist die Religion. Und dieser Ausgangspunkt war Schelling fremd. Noch mehr: Schellings Realismus kommt in der dritten Phase, im Stadium der Identitätsphilosophie, zum Durchbruch. Mag er sich früher schon vorbereiten, vielleicht sogar ankündigen, ganz gewiß hat Schleiermacher vor Schelling seinen Realismus bekannt; vielleicht hat er — neben andern — Schelling dadurch den Weg gewiesen. Wie Schleiermacher beschäftigt sich Schelling allerdings schon in seinen ersten Schriften mit dem Problem der sichtbaren Gegenwart des Unendlichen im Endlichen. Abermals gewinnt man den Eindruck, als ob der transzendentale Idealismus und die Identitätsphilosophie Schellings der Anschauung Schleiermachers näher ständen und die Frage, wie in endlicher Darstellung das Unendliche

festzuhalten sei, stärker in den Vordergrund schöben als die Naturphilosophie. Vielleicht ist dies unter Schleiermachers Einfluß so
geworden. Ganz gewiß vollzieht sich indes in Schellings Urteil
über Individualität eine Wandlung, die ihn an Schleiermacher
heranbringt; mindestens bekannte sich noch die Naturphilosophie
zu einer Ansicht, die der Individualität weit weniger günstig ist
als Schleiermachers Persönlichkeitslehre.

Die Wendung zum Ästhetischen, die sich in der zweiten und
dritten Phase von Schellings romantischer Entwicklung vollzieht,
ist schon in den „Reden" zu finden. Ausdrücklich hebt Schleiermacher die Verwandtschaft hervor, die zwischen dem religiösen
Vorgang und dem ästhetischen Eindruck besteht („Reden" 1. Auflage S. 149; Dilthey, Leben Schleiermachers S. 304). Gelernt
hat Schelling an dieser Stelle freilich nichts von Schleiermacher;
denn die Parallelisierung von Universum und Kunstwerk wurde
ihm von anderer Seite in breiterer Ausführung geboten; an
Mächtigkeit übertraf die flüchtigen Bemerkungen Schleiermachers
weit eine Hauptquelle der Philosophie Schellings: Goethe. Künstlerisches Schaffen und Naturbetrachtung in eins zu schlingen, war
Goethe besonders seit Italien etwas Selbstverständliches (vgl.
Jahrbuch der Goethe-Gesellschaft 1, 21 ff.).

Am schwierigsten ist die Frage zu lösen, wieweit die Romantiker Schelling wegen seiner Fassung und Verwertung des Or-
ganismusbegriffes verpflichtet sind. Ohne Zweifel hat keiner den Begriff so folgerichtig und so allseitig entwickelt wie
Schelling. Doch ebenso gewiß ist Fr. Schlegels Denken von Anfang an auf dasselbe Ziel gerichtet; ferner verwertet er von früh
auf ästhetisch den Begriff, der eine lange Vorgeschichte in der
Kunstlehre des 18. Jahrhunderts hat und von Goethe, Herder
und Moritz an Schelling wie an Fr. Schlegel in hochausgebildeter
Form übergeben wird (s. oben S. 15 f.).

Das Hauptmerkmal organischer Betrachtung ist der Wunsch,
eine Erscheinung als Ganzes zu begreifen, auf das Ganze und
Einheitliche bei der Betrachtung und Würdigung, sei's der Welt,
sei's eines Ausschnittes aus ihr, zu bringen. Das 116. Athenäumfragment und die Definition der romantischen Poesie, die
es versucht (s. oben S. 32 f.), sind auf dem Gedanken der verein-
heitlichten Ganzheit aufgebaut. Und zwar, ohne daß Schelling

als Anreger in Betracht käme. „Die romantische Poesie ist eine progressive Universalpoesie. Ihre Bestimmung ist ..., alle getrennte Gattungen der Poesie wieder zu vereinigen ... Sie umfaßt alles, was nur poetisch ist, vom größten, wieder mehre Systeme in sich enthaltenden Systeme der Kunst, bis zu dem Seufzer, dem Kuß, den das dichtende Kind aushaucht in kunstlosen Gesang.... Sie ist der höchsten und der allseitigsten Bildung fähig, nicht bloß von innen heraus, sondern auch von außen hinein; indem sie jedem, was ein Ganzes in ihren Produkten sein soll, alle Teile ähnlich organisiert...." Aber noch viel früher drängte Fr. Schlegel auf das Einheitliche, Ganze im Kunstwerk. Schon Mitte Mai 1793 schrieb er an seinen Bruder (S. 86): „Es gibt nur zwei Gesetze für die Dichtkunst. Eines derselben ist — das Mannigfaltige muß zu innerer Einheit notwendig verknüpft sein. Zu Einem muß alles hinwirken, und aus diesem Einen jedes andern Dasein, Stelle und Bedeutung notwendig folgen." Die trocken verstandesmäßigen, rein schematischen ästhetischen Kategorien Einheit und Mannigfaltigkeit gewinnen unter Fr. Schlegels Hand neues Leben. Er schreitet in der Richtung weiter, die Herder, Lenz, Goethe in der Sturm- und Drangzeit eingeschlagen haben und in der auch K. Ph. Moritz' Spekulation sich bewegt. Auf ästhetischem Gebiete steigert sich seine Erkenntnis und seine Verwertung der organischen Ganzheit rasch und dauernd, bis er nicht nur das einzelne Kunstwerk, sondern die ganze Kunst wie eine organische Einheit betrachtet. Stolz sagt er 1804 in der Vorrede zum ersten Bande von „Lessings Gedanken und Meinungen" (S. 34): „Die Konstruktion und Erkenntnis des Ganzen [der Kunst und Dichtkunst] ... ist von uns als die eine und wesentlichste Grundbedingung einer Kritik, welche ihre hohe Bestimmung wirklich erfüllen soll, aufgestellt worden." Lessing wird dabei als Vorläufer solchen Strebens in Anspruch genommen. Daß eine organische Konstruktion des Ganzen der Kunst für Fr. Schlegel zugleich auch eine geschichtliche Konstruktion bedeutete, ist selbstverständlich.

Der Wunsch, das Kunstwerk als organisches Ganzes zu fassen, entspringt abermals dem metaphysischen Bedürfnisse Fr. Schlegels. Ganz wie Schopenhauer es umschreibt, möchte Fr. Schlegel das Kunstwerk in seinem innersten Zusammenhange überschauen und der Einheit sich bewußt werden, die darin zur wechselnden

Erscheinung kommt. Vom einzelnen Kunstwerk schreitet er alsbald folgerichtig zum Ganzen der Kunst weiter.

Hat indessen Fr. Schlegel vielleicht von Schelling gelernt, die
ganze Welt, das Universum, als Organismus zu fassen? In den
„Ideen" und im „Gespräch über die Poesie" (2, 339. 364) zeigt
sich diese Anschauung sofort in der Form des ästhetischen Idealismus Schellings. Das Universum ein Kunstwerk! Schlegel ist
zu dieser Überzeugung doch wohl sicher in dem Augenblick gelangt, da Schleiermacher ihm das Universum wieder nahegerückt
hatte. Galt es doch auch diesmal nur die alten, jetzt freilich
mit neuem Lebensinhalt erfüllten Begriffe in Friedrich wach-
zurufen; denn von Anfang an war er gewohnt, seine Anschauung von organischer Einheit über die Grenzen des Ästhetischen
hinaus auf die Erfassung der ganzen Welt anzuwenden. Der
Brief an Wilhelm vom 28. August 1793 stellt die Gleichungen
auf, die dann ebenso in den „Ideen" und im „Gespräch" wie
in Schellings ästhetischem Idealismus wiederkehren. Ohne daß
der Ausdruck selbst erschiene, ist Schellings Universum als Totalität der Erscheinungen hier vorweggenommen; und diesem Universum werden die Prädikate zuerteilt, die Fr. Schlegel für das
Kunstwerk gewonnen hat.

Ob und wieweit Schelling für die zweite und dritte Phase
seiner romantischen Periode etwas von Fr. Schlegel gelernt hat,
wird wohl nie ganz einwandfrei festzustellen sein; denn beide
fußen auf der Ästhetik und Naturerkenntnis Goethes und Herders. Nur scheint Fr. Schlegel früher als Schelling die Verwandtschaft von Goethes künstlerischen und naturwissenschaftlichen
Denkformen erkannt zu haben; Schelling wurde von Goethe selbst
in diese Zusammenhänge eingeführt, aber nur nachdem Fr. Schlegel längst die ganze Bedeutung des Organismusbegriffs für die
Ästhetik wie für die Naturerkenntnis erfaßt hatte.

Und so darf denn auch die Lehre vom „Mittelpunkt", die in
der organischen Weltanschauung Fr. Schlegels eine so große Rolle
spielt, unmittelbar auf ihre ersten Quellen, auf Goethe (36,
S. XLIII) und auf Moritz, zurückgeleitet werden. Marie Joachimi
möchte (Weltanschauung der Romantik, 1905, S. 33 ff.) diese Lehre
vom Mittelpunkte, die „Zentrumslehre", zum eigentlichen Glaubensbekenntnis Fr. Schlegels machen.

Die künstlerische Form, die sich aus diesen Anschauungen ergab, ist im Sinne Plotins nicht durch äußere Gesetze, sondern durch etwas Innerliches bestimmt. Sie entspricht nur den Absichten des einzelnen Kunstwerks. Solcher Formwille führt leicht zu offenem, lockerem Bau. Er meidet dann strenge Führung der Umrißlinien. Er trifft überein mit den Absichten sogenannter deutscher Formlosigkeit. Er kann zu Gestaltungen führen, die etwas Verschwimmendes und Zerfließendes an sich haben. Die deutsche Romantik mied diese letzten Folgen nicht, während Goethes klassische Schöpfungen, obwohl sie auch auf dem Boden organischer Ästhetik standen, dennoch ebenmäßige Baukunst wahrten. Allerdings wich Goethe selbst gelegentlich und besonders zur Zeit der Romantik von solcher Kunst ab und huldigte beweglicherer, minder scharf umgrenzter Form.

b) Die Naturphilosophie Schellings. Die Naturphilosophie Schellings, dann Schlegels und Hardenbergs zu würdigen, muß ein Blick auf die Entwicklung der Naturwissenschaft in der zweiten Hälfte des 18. Jahrhunderts geworfen werden. Novalis und Fr. Schlegel, aber auch Schelling wären minder kühn in ihren naturphilosophischen Konstruktionen gewesen, hätten sie nicht überraschend neuen, die ganze Anschauung der Naturvorgänge umstürzenden Entdeckungen gegenübergestanden. In Perioden, da fast jeder Tag neue Erkenntnisse auf naturwissenschaftlichem Gebiete zeitigt, beginnt die wissenschaftliche Phantasie mit fieberhafter Schnelligkeit zu arbeiten. Magie und Mystik stellen sich ein und überholen ungeduldig die Ergebnisse der zwar rasch, aber für die Rastlosigkeit und den Übereifer wissenschaftlicher Enthusiasten zu langsam fortschreitenden Forschung.

Innerhalb der Physik hatte die Lehre von der Schwerkraft Kant 1755 und — in abschließender Weise — Laplace 1798 zu ihrer Hypothese von der Entstehung des Sonnensystems geführt. Chladni versinnlichte 1787 die Schwingungszustände von Platten und Scheiben in Klangfiguren. 1789 führten Galvanis Froschexperimente zur Feststellung einer tierischen Elektrizität; eine andere elektrische Erscheinung glaubte man an der Voltaschen Säule zu entdecken, bis Volta beide Formen der Elektrizität als gleich nachwies. Die Chemie erfuhr durch Lavoisier und durch Priestley, den Entdecker des Sauerstoffs, eine gründliche Umgestaltung. Um 1790 aber wurde noch eine andere Bewegung auf

dem Felde der Naturwissenschaften wichtig, die etwa ein Menschenalter vorher eingesetzt hatte: die Verdrängung der mechanischen Naturanschauung durch eine vitalistisch-organische. Der
große Berner Haller war bahnbrechend vorangegangen.

Dem Vitalismus entstammt der Mesmerismus. Mit bestem
Gewissen und nach seinem besten Wissen entwickelte Mesmer (1733
bis 1815) aus falscher Deutung richtiger Beobachtungen die Lehre
vom animalischen Magnetismus. Die Romantik ging bis zu Justi-
nus Kerner gern in seine Schule. Ein Irrtum Mesmers und seiner
Anhänger war es, bei Vorgängen, die lediglich auf Suggestion und
Hypnose ruhten, an Magnetismus zu denken.[1]) Die Fülle neuer
magnetischer, elektrischer, galvanischer Entdeckungen, die noch
lange nicht zu übersichtlicher Ordnung gediehen war, öffnete willkürlicher Verknüpfung und falscher Hypothese Tür und Tor. Die-
selben Erscheinungen waren auch Anlaß, daß die dynamisch-or-
ganische Erklärung der Naturvorgänge neben der mechanischen
immer mächtiger hervortrat. In den organischen Fächern vor
allem bemächtigte sich die vitalistisch-organische Auffassung mehr
und mehr der Herrschaft.

Goethe neigte von Anfang an zu dieser Auffassung. Er war gewohnt, sich selbst der Natur einzuordnen. Obwohl nach Kräften
bemüht, innerhalb des Anschaulichen zu bleiben und die Grenzen
der Sinneserkenntnis zu wahren, suchte er doch die Typen heraus-
zufinden, aus denen Pflanzliches und Animalisches erwachsen sei.
Entwicklungsreihen aufzustellen lag ihm ebenso fern, wie nach den
Ursachen und Wirkungen dieser Entwicklungsreihen zu forschen.
Neben Goethes physiologische Betrachtung trat in Fichtes Schriften eine psychologische Naturphilosophie. Denn Fichtes triadisches
Schema ist ebenso eine primitive Form evolutionistischen Denkens
wie Goethes Typenlehre und dient in letzter Linie zur Erklärung
des Werdens seelischer Prozesse.

Schelling endlich geht von physiologischer und psychologischer
Betrachtung weiter zum Aufbau einer Entwicklung und behandelt
zu diesem Zwecke die anorganische Natur ohne Zögern rein dyna-
misch. Schritt für Schritt läßt er die anorganische Natur der organischen sich nähern. Er wollte ausdrücklich eine „Entwicklung“

---

1) Vgl. M. Dessoir, Vom Jenseits der Seele, 1917.

zeichnen. Nicht aber um eine Abstammungslehre war es ihm zu tun, nicht eine kausale Erklärung ist seine Absicht. Wie nahe Schelling den Konstruktionen der „Ideen" Herders dabei kam, dessen war er sich bewußt (f. oben S. 14). Daß er auch Goethe verpflichtet war, ging ihm wohl nur allmählich im Verkehr mit Goethe auf. Durchaus fremd war den Herder und Goethe nur die Fichtesche Betrachtungsweise; die transzendental-idealistische Anschauung, die in der Naturphilosophie Schellings noch führt und herrscht, die Überzeugung, daß das Ich das Nichtich setze, daß ohne das Ich von Natur keine Rede sein könne.

Goethe fühlte sich trotzdem — wie er Schelling am 27. September 1800 bekannte — entschieden zu Schellings Lehre hingezogen, in der er sein eigenes Gedankengut nicht übersehen konnte. „Ich wünsche eine völlige Vereinigung", setzte er damals hinzu. In dem Gedicht „Weltseele" sang Goethe dann dithyrambisch von der Durchgeistigung der anorganischen Natur und von dem Aufstieg durch die Natur zur Geisteswelt (vgl. Goethe und die Romantik 1, S. LXXXVII).

Im einzelnen verwertete der Naturhistoriker Goethe die Schellingschen „Kategorien der Natur" nicht. Er blieb bei der Freude an der Gesamtanschauung der Naturentwicklung stehen. Kopfschüttelnd aber betrachten Söhne einer späteren Zeit die kühnen Kombinationen Schellings, die ja sicherlich manche wissenschaftliche Entdeckung angeregt haben, im wesentlichen jedoch Träume geblieben sind. Man muß dieser Tatsache sich bewußt bleiben, will man Hardenbergs noch kühnere Verknüpfungen nicht von vornherein zu leeren Paradoxen stempeln.

c) Der Schlegelianismus der Naturwissenschaften. Etwas Beunruhigendes mußten ja die naturphilosophischen Kombinationen Hardenbergs sogar für Schelling haben; und in den Fragmenten, die 1802 aus Hardenbergs Nachlasse in die Welt traten, war manches, was der Augenblick geboren hatte, was der Augenblick aber auch wieder vernichten sollte, für alle Zeiten als Denkresultat Hardenbergs festgenagelt. Schelling war in mühsamer und mehrfach schwankender Verwertung der neuesten Resultate der „Physik" zu einem Aufbau der Natur gelangt, in dem sie von Stufe zu Stufe ein allmähliches Bewußtwerden zeigte. Menschliches war damit in die Natur hineingelegt. Novalis und Fr. Schlegel gehen weiter: sie übertragen nicht nur geistige Qualitäten auf die Natur, sie erblicken auch Naturprozesse chemischer und elektrischer Art in geistigen Vorgängen; sie suchen Menschliches zu deuten, indem sie es ins Naturleben zurückversetzen. Novalis spricht von der Toleranz und dem Kosmopolitismus der Blumen, wirft die Frage auf, ob die Seelen der Pflanzenindividuen nicht vielleicht die ätherischen Öle seien; er nennt aber auch Denken eine Muskelbewegung. Witz ist ihm geistige Elektrizität, Denklehre entspricht der Meteorologie, er fragt: „Sollte Denken oxydieren, Empfinden desoxydieren?" (2, 215). Und wie er mit Vorliebe das Verhältnis der Geschlechter auf die Natur überträgt, so behauptet er umgekehrt: „Das Weib ist unser Oxygen" (2, 217). Es sind kühnste Verkettungen eines philosophischen Witzes (s. oben S. 34 f.), Versuche, durch bloße Kombination ganz neue Wege der Wissenschaft zu finden.

Weit eher als Schelling wurden Franz Baader und Joh. Wilh. Ritter Stützen und Helfer Hardenbergs. Ihnen beiden zollt er auch volle Anerkennung — eine Anerkennung, mit der gegenüber Ritter selbst die Wissenschaft von heute nicht kargt. Über Baader schrieb Hardenberg an Fr. Schlegel am 7. November 1798: „Seine Zauber binden wieder, Was des Blödsinns Schwert geteilt'; augenscheinlich dachte Novalis auch hier an Vereinheitlichung der Geisteswelt und der Natur. Von Ritter sagte Novalis' Brief an Caroline Schlegel vom 20. Januar 1799: „Ritter ist Ritter und wir sind nur Knappen. Selbst Baader ist nur sein Dichter." Streng wissenschaftlich um die Ergründung und Prüfung des neuentdeckten Phänomens des Galvanismus bemüht, veröffentlichte Ritter 1798 den „Beweis, daß ein beständiger Galvanismus den Lebensprozeß in dem Tierreich begleite" Auch hier war der Nachweis versucht, daß die Natur das vollkommenste organische System sei. Novalis schritt von diesem neuen Beweise der Alleinheitlichkeit der Natur sofort kühn zur Aufstellung eines „Galvanismus des Geistes".

Die enge Geistesgemeinschaft beider Freunde [1] wirft etwas Licht auf den geheimnisvollen Begriff des „Galvanismus des Geistes". Fr. Schlegel, der allein den Ausdruck uns überliefert,

---

[1] Vgl. Ritters „Fragmente aus dem Nachlasse eines jungen Physikers", 1810, 1, S. XVIII.

scheint selber über den Inhalt des Begriffes wenig im klaren zu sein (Aus Schleiermachers Leben 3, 77. 81). Nicht viel weiter helfen Fragmente Hardenbergs (2, 214). E. Spenlé (Novalis, 1904, S. 205. 210) vermutet, daß Novalis durch Ritter auf Mesmers „Magnetismus" geleitet worden sei. Ritter ging ja unter den naturphilosophischen Genossen den geheimnisvollen Zusammenhängen zwischen Natur und Menschenseele, die seine Zeit in den Erscheinungen des hypnotischen Schlafes zu finden glaubte, zuerst und am energischsten nach und erwartete von ihnen Offenbarungen über die Geheimnisse der anorganischen und der organischen Welt (Fragmente aus dem Nachlasse 2, 81). Spiritistisch gesprochen im Zustande des Trance, medizinisch gefaßt im autohypnotischen Schlafe dachte Ritter und mit ihm Novalis (Lehrlinge zu Sais 4, 26 f.) einen Zustand der „Unwillkür" gefunden zu haben, in dem die Seele das Absolute am reinsten anschaut. Das Bewußtsein des Menschen in diesem Zustand der „Unwillkür" (fichtisch genommen: die „intellektuelle Anschauung" des Menschen, der im hypnotischen Schlafe sich befindet) wurde so zum Schlüssel der Erkenntnis. Hier begegnet sich die Linie, die von Fichte aus gezogen wird, mit der Linie, die von der Mystik der Vitalisten, von Mesmer, ausgeht. Die wunderbaren Wirkungen, die von Novalis' „magischem Idealismus" erwartet wurden, die Steigerung von Fichtes „intellektueller Anschauung" zu einer magischen Kraft der Selbstbezauberung und der zauberhaften Lenkung der Natur (s. oben S. 20), fanden — so meinten es die romantischen Magier Novalis und Ritter — ihre „physikalische" Begründung, ihre naturphilosophische Voraussetzung im tierischen Magnetismus, in dem hypnotischen Schlafe oder — wie sie es selbst nannten — in der willkürlosen clairvoyance der Somnambulen (vgl. Ritter S. 83. 85).

Nun begreift man, warum Novalis auf „Ekstase" solchen Wert legt (3, 186. 219). In der Ekstase gewinnt für Novalis die „intellektuelle Anschauung" Fichtes einen erhöhten Erkenntniswert. Der ekstatische Seher schaut Dinge, die jedem anderen verborgen bleiben. Die Betonung der Ekstase aber führte Novalis notwendig zu der Quelle aller Mystik, zum Neuplatonismus. Das ganze Streben der Romantiker weist auf ein übervernünftiges Erfassen der göttlichen Wahrheit, das dem einzelnen Menschen in unmittelbarer Berührung mit der Gottheit selbst zuteil wird — eine Anschauung, die vom Neuplatonismus aufgestellt worden ist. Schon Philon fordert, daß zu solchem Zwecke die Seele sich nur leidend und empfangend verhalten dürfe, sich aller Selbsttätigkeit zu enthalten habe. Bei solcher Ekstasis wohnt nach Philon der göttliche Geist im Menschen. Hinter diesem Zustand liegt nach Plotin alles Denken; die Ekstase ist Gottesgewißheit, selige Ruhe in ihm.

Wenn darum Novalis einmal (Raich S. 102) die Namen nennt an die er selber die besten Verdienste um die Naturphilosophie knüpft, so erscheint zuerst Fichte und Hemsterhuis, dann Spinoza. Nun aber heißt es: „Plotin betrat, vielleicht durch Plato erregt, zuerst mit echtem Geiste das Heiligtum und noch ist nach ihm keiner wieder so weit in demselben vorgedrungen." Leibniz' Theodizee ist für Novalis nur „ein herrlicher Versuch in diesem Felde" Goethe aber „soll der Liturg dieser Physik werden".[1]

Nirgends freilich fand Novalis sei eigenes Streben so ahnungsvoll vorweggenommen wieder wie bei Jakob Böhme und in dessen mystischer Hingabe an die Gottheit. Er lernte ihn nur zu Anfang des Jahres 1800 näher kennen, also zu spät, als daß er noch Neues bei ihm hätte finden können. Entdeckt wurde Böhme für die Romantik durch Tieck, und Tieck führte auch Novalis in Böhmes Lehren ein. Darum kann Hardenbergs Gedicht „An Tieck" (1, 224 ff.) den Angesprochenen durch Böhme zum „Verkündiger der Morgenröte" weihen lassen. Tieck selber aber verwob in den Roman „Der Aufruhr in den Cevennen" (1826) sein eigenes Erlebnis und erzählte, wie aus der Aufklärung heraus der Eintritt in Böhmes Welt wirkt. Fr. Schlegel faßte einmal scharf und knapp zusammen, was der naturphilosophische Kreis in dem Görlitzer Schuster fand (Windischmann 1, 482 f.): Böhme habe in der Anwendung des Idealismus auf die Natur und in der Hesen Beziehung des menschlichen Gemüts auf sie ahnend die Erkenntnisse neuester Entwicklung vorweggenommen. Natürlich denkt Fr. Schlegel an die Übertragung der geistigen Qualitäten des Menschen auf die Natur. „Aber noch viel merkwürdiger und charakteristischer" setzt er hinzu, „ist die Annäherung seiner Philosophie zur Poesie ... Böhme

---

1) Über Hardenbergs Beziehungen zu Plotin vgl. P. F. Reiff, Euphorion 19, 591 ff.

hloß sich durchgängig ganz an die poetische Ansicht an; keine andere Philosophie kommt ihm darin gleich; keine ist so reich an Allegorie und sinnbildlicher Bedeutung. Plato war nicht einmal imstande, die griechischen Gottheiten und die Mythologie so edel und tiefsinnig anzusehen als wir jetzt; noch viel weniger sie so tief zu deuten, wie J. Böhme das Sinnbildliche des Christentums gedeutet hat." Fr. Schlegel behauptet darum, Böhme sei ein „vollkommenerer Idealist", ein „größerer Deuter" als Platon; mehr als alle anderen Dichter und Autoren enthalte er die schönsten und bedeutendsten Allegorien.

Wirklich deutet Böhme chemische Begriffe psychologisch und theosophisch, mit einer Kühnheit, die den Fragmenten Hardenbergs nichts nachgibt. Seine Lehre geht von der Behauptung aus, daß Gutes und Böses von der Gottheit stamme, Göttliches und Widergöttliches in Gott enthalten sei, Süßes und Herbes, Licht und Finsternis. Das Süße setzt er dem Quecksilber gleich und dieses wieder wird ihm zum Symbol der organischen Natur, der Pflanzen, Tiere und Menschen; dem Herben entspricht der „Salniter", das unorganische Reich, das „Finstere". Jenes bedeutet in seinen Augen das Himmelreich, dieses die Hölle. Mittelglied sei das lebendige Feuer, der „Sulphur", sowohl als zerstörendes Zornfeuer wie als wohltätiges Liebesfeuer. Symbole liegen vor, die der Romantik bald geläufig geworden sind. Das „Feuer" im „Zentrum" ist schon früh für Fr. Schlegel eine Form seiner Lieblingsvorstellung vom „Mittelpunkt". „Im Centro liegt das ew'ge Feu'r verhüllet, Dem großen Vater ringt es stets entgegen Mit süßen sehnsuchtsvollen Pulsesschlägen, Daß Blum' und Baum zum blauen Äther quillet"; so lautet es in Tiecks Sonett „An Friedrich Schlegel", einer Dichtung, die „wirklich Fr. Schlegels Innerstes erkannt" hat (Joachimi, Weltanschauung der Romantik S. 48).

Fr. Schlegels Bemerkungen über Böhme weisen auch auf die eigentliche Verwertung hin, die der „Schlegelianismus der Naturwissenschaften" (Steffens an Schelling, September 1799) suchte und fand. Mag viel Willkür und Phantastik in Novalis' Analogien liegen, schließlich mündete all das in das Reich der Poesie; der Poet Novalis durfte für sich das Recht in Anspruch nehmen, eine dichterische „Physik" als „Lehre von der Phantasie" auszugestalten und in dem phantasiereichsten Dichter den eigentlichen phyfifchen Magus zu entdecken. Der Poet — fo meint es Novalis — verfteht die Natur beffer als der wiffenfchaftliche Kopf. War diefe Behauptung zu kühn, wenn man in Goethe den „Liturgen" der neuen Phyfik erblickte?

Philofophie follte in Poefie übergehen, fie follte nicht bloß der Erkenntnis dienen. Die Naturphilofophie aber erhielt die befondere Aufgabe, eine neue Mythologie zu fchaffen.

Der Mangel einer Mythologie war von Klopftock und von Herder, aber auch von Schiller in den „Göttern Griechenlands" zur Urfache der Trockenheit moderner Poefie gemacht worden. Wie Mythologie zu neuem Leben erwachen könnte, weiß Fr. Schlegels „Rede über die Mythologie" im „Gefpräch über die Poefie" anzugeben. Aus der tiefften Tiefe des Geiftes muß fie herausgebildet werden. Im Sinne Spinozas und der „jetzigen Phyfik" foll die alte Mythologie gefchaut und dadurch neu belebt werden. Dazu follen auch die anderen Mythologien wiedererwachen, vor allem die des Orients. Das Mittel, all diefe Schätze neu zu beleben, bleibt das „Studium der Phyfik", „aus deren dynamifchen Paradoxien jetzt die heiligften Offenbarungen der Natur von allen Seiten ausbrechen" (2, 363).

Wiederum hat Schelling gleichzeitig (im „Syftem des tranfzendentalen Idealismus") die Mythologie das Mittelglied der Rückkehr der Wiffenfchaft zur Poefie genannt. Wiederum kann nicht feftgeftellt werden, ob Fr. Schlegel durch Schelling auf den Gedanken gekommen ift oder nicht. Sicher hatte Schelling ihn fchon früh in fich getragen, ficher aber auch Fr. Schlegel ihn kühner, allfeitiger und weiteren Blickes dargelegt. War doch feine und feines Freundes Novalis Naturphilofophie von Anfang an poetifcher und phantafievoller gedacht als die Schellings. Wohl legte Schelling in den Vorlefungen über Philofophie der Kunft (1802/3) das ganze Thema reicher und zufammenhängender dar; aber damals ftand er völlig auf den Schultern der romantifchen Genoffen. Wilhelm Schlegels Berliner Vorlefungen bemühten fich mehrfach, den Begriff der naturphilofophifchen Mythologie zu verdeutlichen (1, 354 ff.; 2, 46 ff.).

In der poetifchen Ausmünzung der Naturphilofophie lag vielleicht der befte Gewinn, den die Poefie aus der romantifchen

Theorie ziehen konnte. Mindestens war hier systematisch erfaßt, war von einem höchsten geistigen Standpunkt aus festgelegt, was Poesie unbewußt längst geübt hatte, was jetzt aber aus bewußter Kunst in reichster Fülle der deutschen Dichtung zufallen sollte: die Verlebendigung und Vermenschlichung der Natur.

Die neue romantische Mythologie blieb nicht innerhalb der Grenzen der Naturphilosophie stehen. Wie weit das mythologische Programm Fr. Schlegels und Schellings wirkte, wie reichen Gewinn die romantische Dichtung ihm dankte, ist aus F. Strichs Werk „Die Mythologie in der deutschen Literatur von Klopstock bis Wagner" (1910) zu erfahren, das auch die Vorgeschichte der romantischen Mythologie ausführlich erzählt.

Die Forderung einer neuen Mythologie gab der Phantasie romantischer Dichter einen starken Aufschwung. Dem Stürmer und Dränger war freischaffende Phantasie weit weniger bedeutsam gewesen als die Fähigkeit, mit tiefeindringendem Gefühl in die Welt sich einzuleben Romantischer Neigung zu freiem Schaffen der Phantasie kam schon der Gedanke der Transzendentalpoesie entgegen. Leichte Beweglichkeit, ungebundenes Schweifen war durch ihn gesichert. Die Naturphilosophie aber bot einen neuen und keimkräftigen Inhalt. Der Schwung romantischer Phantasie durfte sich auf die Gedanken stützen, die von Fichte ausgegangen waren. Innere Gesetzlichkeit aber und die Fähigkeit, Organisch-Lebendiges zu erzeugen, ward der Phantasie vom Romantiker durch die naturphilosophische Weltbeseelung gewährleistet. Da wie dort entstand „Poesie der Poesie" (s. oben S. 35 f.). Nur bekam dieser Begriff durch die Naturphilosophie einen neuen Inhalt.

3. Poesie der Poesie. Romantischer Monismus.

Schleiermachers „Reden" wirkten mächtig auf die romantischen Genossen überhaupt, nicht bloß auf Schelling. Sie erweckten zunächst in Fr. Schlegel und Novalis die Liebe zum Universum; sie bestärkten Novalis und Tieck in ihren religiösen Neigungen und begegneten in Fr. Schlegel verwandten Wünschen; sie drängten Fr. Schlegel auf das Gebiet der Ethik und wurden so eine Voraussetzung der „Lucinde".

Fr. Schlegels dritte Fragmentensammlung, die „Ideen", wird

von Schleiermachers Universumlehre getragen. Hier kommt zum
Ausdruck, was man jetzt (M. Joachimi-Dege, Deutsche Shakespeare-
probleme, 1907, S. 212f.) den Monismus der Romantik nennt.
Weil — wie später auch Schelling es vorträgt — im Endlichen
allenthalben das Unendliche sich offenbart, weil das Universum
durch jede seiner Erscheinungen seine Herrlichkeit erkennen läßt,
lernt der Romantiker die Wirklichkeit lieben. Platonisch hält der
Klassizismus Schillers an einer Scheidung der „wirklichen" und
der „wahren Welt" fest. Wohl kennt auch die Romantik diese Scheidung, aber für sie ist die Möglichkeit gegeben, die wahre Welt
in der wirklichen zu schauen und sich ihrer zu freuen. Wenn
Schiller dem Dichter die wahre Welt im Gegensatz zur wirklichen
zuweist, so ist Fr. Schlegel überzeugt, daß die Poesie das höchste
Wirkliche nicht erreiche (Minor 2, 327). Ihm ist das Wirkliche
eben nicht das Gewöhnliche und Gemeine, das Schiller im Wirklichen allein erblickt; ihm ist es durch die greifbare Beziehung
auf das Unendliche geadelt. So wird der Romantiker zum Ge-
nußfreudigen und Lebensbejaher. Er beginnt die endliche Welt
zu lieben, soweit in ihr die Unendlichkeit sich spiegelt. Genau so
begeisterte sich Plotin für die Welt, soweit sie von göttlichem
Geiste durchdrungen ist.

Liebe zum Unendlichen, Sehnsucht nach dem Unendlichen war
längst Fr. Schlegel eigen gewesen. Diese mystische Liebesphilo-
sophie wird unter dem Eindrucke der Reden Schleiermachers weiter
ausgebaut. Die Sehnsucht nach dem Unendlichen kommt innerhalb
der endlichen Welt zur Befriedigung in der Liebe zum geliebten
Weibe. Wiederum gibt Schleiermacher den romantischen Genossen,
Friedrich wie Novalis, nur was sie selbst längst besaßen, freilich
in geklärter und vertiefter Form: vergöttlicht, ins Unendliche
erhoben wird das alltäglich Menschliche. Noch natürlichste Liebe
erscheint als göttliche Urkraft.

Auch die Poesie gelangt dank Schleiermacher zu einer neuen
Erfassung. Nun konnte endlich gesagt werden, was das Poetische
ausmacht und worin die „Poesie der Poesie" begründet ist. „Alle
heiligen Spiele der Kunst sind nur ferne Nachbildungen von dem
unendlichen Spiele der Welt, dem ewig sich selbst bildenden
Kunstwerk", behauptet Lothario im „Gespräch über die Poesie"
(2, 364). Ludoviko erwidert: „Mit andern Worten: alle Schönheit

ist Allegorie. Das Höchste kann man, eben weil es unaussprechlich ist, nur allegorisch sagen." Und Lothario darauf: „Darum
sind die innersten Mysterien aller Künste und Wissenschaften ein
Eigentum der Poesie."

Da ist Schellings Ansicht von 1801 vorweggenommen, daß
kein Werk eines Künstlers das absolute Kunstwerk, das Universum, erreiche. Da wird Schleiermachers religiöse Verehrung
des Universums für die Ergründung der Poesie verwertet. Die
Poesie der Poesie ruht auf der Beziehung zum Universum, zum
Unendlichen. Darum ist alle Poesie allegorisch oder, besser und
unserem Sprachgebrauch entsprechender: symbolisch. Sie zeigt im
Bilde das Unendliche. W. Schlegels Berliner Vorlesungen (1, 90)
erklären: „Das Schöne ist eine symbolische Darstellung des Unendlichen"; und zwar mit ausdrücklicher und absichtlicher Um-
wandlung von Schellings Definition: Schönheit ist das Unendliche
endlich dargestellt. W. Schlegel kehrte da zu der Formulierung
seines Bruders zurück.

Da nun aber der Glanz des Unendlichen — nach Schleiermacher — auf allem Endlichen ruht, so dehnt sich das Gebiet
der Poesie mächtig in die Weite. „Ist denn alles Poesie?" kann
eine der Teilnehmerinnen des „Gespräches" komisch entsetzt fragen
(S. 354); und am Eingang des „Gespräches" (S. 338 f.) wird die
Grenzenlosigkeit des Reiches der Poesie in mächtigen Akkorden
gefeiert.

Poesie der Poesie aber ist jetzt eine Poesie, die dieses Poetische der Welt in sich faßt. In erster Linie tut dies die romantische Poesie. Darum fordert Fr Schlegel, daß alle Poesie romantisch sei (S. 373). Und weil diese Poesie mit dem romantischen
Sehnsuchtsbegriffe so innig verschwistert ist, verlangt Fr. Schlegel
nunmehr, daß das Romantische einen sentimentalen Stoff dar-
stelle. Nur dürfe man dabei nicht die „gewöhnliche übel be-
rüchtigte Bedeutung des Sentimentalen" meinen, „wo man fast
alles unter dieser Benennung versteht, was auf eine platte Weise
rührend und tränenreich ist und voll von jenen familiären Edel-
mutsgefühlen, in deren Bewußtsein Menschen ohne Charakter sich
so unaussprechlich glücklich und groß fühlen" (S. 370 f.). Das
Sentimentale, das er selbst meint, umschreibt Fr. Schlegel: „Das
was uns anspricht, wo das Gefühl herrscht, und zwar nicht ein

sinnliches, sondern das geistige." Und indem er die Begriffsbestimmung weiterspinnt, bietet er die tiefsten Gedanken, die er jemals über die Poesie und Romantik vorgebracht hat: „Die Quelle und Seele aller dieser Regungen ist die Liebe, und der Geist der Liebe muß in der romantischen Poesie überall unsichtbar sichtbar schweben ... Die galanten Passionen, denen man in den Dichtungen der Modernen ... nirgends entgehen kann, sind dabei grade das wenigste oder vielmehr sie sind nicht einmal der äußere Buchstabe jenes Geistes, nach Gelegenheit auch wohl gar nichts oder etwas sehr Unliebliches und Liebloses. Nein, es ist der heilige Hauch, der uns in den Tönen der Musik berührt. Er läßt sich nicht gewaltsam fassen und mechanisch greifen, aber er läßt sich freundlich locken von sterblicher Schönheit und in sie verhüllen; und auch die Zauberworte der Poesie können von seiner Kraft durchdrungen und beseelt werden. Aber in dem Gedicht, wo er nicht überall ist oder überall sein könnte, ist er gewiß gar nicht. Er ist ein unendliches Wesen und mit nichten haftet und klebt sein Interesse nur an den Personen, den Begebenheiten und Situationen und den individuellen Neigungen; für den wahren Dichter ist alles dieses, so innig es auch seine Seele umschließen mag, nur Hindeutung auf das Höhere, Unendliche, Hieroglyphe der e i n e n ewigen Liebe und der heiligen Lebensfülle der bildenden Natur" (S. 371). Das Geheimnisvollste soll hier enthüllt werden; wirklich hebt mit zarten Fingern Fr. Schlegel die Decke empor, die es verbirgt. In Worte will er fassen, was dem modernen Menschen die Poesie bedeutet. Und die Begriffe, die auf unserem Wege uns bisher begegneten, die Begriffe, durch die der Romantiker die Welt zu deuten sucht, stellen sich fast vollzählig ein. Die Poesie und das Poetische ist mit einer Stimmung der Sehnsucht aufs innigste verknüpft. Diese Sehnsucht zielt auf ein Höheres, Unendliches. Das Streben nach dem Unendlichen, das dem romantischen Vernunftmenschen eigen ist, findet in der Poesie einen Widerhall. Die Poesie wird dadurch ein Analogon der Liebe im romantischen Sinne. Und in ihr naht dem Menschen das Unendliche; zum Erlebnis wird ihm in der Poesie das Absolute; in keinem Endlichen ist — nach Schleiermachers Anschauung betrachtet — das Unendliche so gegenwärtig wie in der Poesie. An dieser Stelle kündigt sich am eindringlichsten innerhalb romantischen Denkens an, daß und warum dem Romantiker Leben und Denken, Natur und Philosophie zur Poesie hat werden müssen.

Ist aber Poesie ein Abglanz des Unendlichen, dann ist es Aufgabe des Dichters, des Künstlers überhaupt, seine Anschauung des Unendlichen der Welt zu vermitteln. So wird der Künstler zum Mittler. „Ein Mittler", sagt die 44. Idee, „ist derjenige, der Göttliches in sich wahrnimmt und sich selbst vernichtend preisgibt, um dieses Göttliche zu verkündigen, mitzuteilen und darzustellen allen Menschen in Sitten und Taten, in Worten und Werken." Aber nur wer sein Zentrum in sich hat, kann der Aufgabe genügen. „Wem es da fehlt, der muß einen bestimmten Führer und Mittler außer sich wählen" (Idee 45). „Nur derjenige kann ein Künstler sein, welcher eine eigne Religion, eine originelle Ansicht des Unendlichen hat" (Idee 13). So arbeitet Fr. Schlegel mit Schleiermachers Anschauungen.

Das Genie erhält hier einen neuen Charakterzug. Die romantisch-ironischen Züge des Genies, die ihrem Inhaber etwas Schillerndes, Unsicheres, Schwankendes leihen, finden ihre Ergänzung in der Forderung, daß der Künstler eine in sich geschlossene Persönlichkeit, ein „organischer Geist" (Ath.-Fr. 366) sei, daß er ein festes Zentrum habe.

Und so verbinden sich die Strahlen, die aus Schleiermachers, Fr. Schlegels und Schellings Vergöttlichung des Unendlichen hervorgehen, in einem Punkte. Hatte Fichte der Romantik zu grenzenloser Selbstbestimmung und willkürlicher Freiheit verholfen, hätte er zugleich eine Scheidewand zwischen dem Reich der Geistigkeit und dem Reich der Natur aufgerichtet, so wich nunmehr nicht bloß solcher Dualismus einem wirklichkeitsfrohen Monismus. Auch die grenzenlose und unbeschränkte Willkür darf nicht länger ungestört walten. Organische Einheit und Ganzheit, Verbindung und Verknüpfung der Teile zu einem geschlossenen Ganzen mit einem festen und sicheren Mittelpunkte: diese neuen Forderungen geben dem Romantiker seinen Halt. Sie zeigen, wie der endliche Mensch das Ewige und Unendliche in sich darstellt in einer nur ihm eigenen Form.

Die neue Auffassung des Genies raubt diesem ein gutes Stück der übermäßigen Klarheit des Bewußtseins, die aus Fichtes „In-

tellektueller Anschauung" in frühromantischer Lehre erwachsen
war. Hier eröffnet sich eine Bahn, auf der die Romantik der
Lehre vom unbewußten Genie des Sturms und Drangs sich wieder
nähern konnte. Das Ewige, Unendliche, Göttliche verwirklicht
sich im Kunstwerk. „Die unmittelbare Ursache aller Kunst ist
Gott", kann daher Schelling, den Mittlergedanken Fr. Schlegels
weitertreibend, in seinen Vorlesungen über Philosophie der Kunst
(§ 23) zu Anfang des 19. Jahrhunderts sagen. Genie aber ist ihm
der „ewige Begriff des Menschen in Gott und der unmittelbaren
Ursache seiner Produktionen" (§ 63). Von solchen Sätzen aus konnte
die jüngere Romantik zu einem Begriff und zu einer Schätzung
von „Naturpoesie" gelangen, die den dunklen Ahnungen der Stürmer und Dränger weit näher standen als den Versuchen der Frühromantik, die planvolle Weisheit großer Künstler, zunächst Shakespeares, zu erfassen. 1)

Stillen aber konnte die neue Lehre auch die krankhafte Sehnsucht nach dem Unendlichen. Die Seelenpein des Vernunftmenschen, der sein Ideal nie erreichen kann, kommt zur Ruhe in der
monistischen Verschmelzung des Unendlichen und Endlichen. Die
sehnsüchtige Liebe zum Ewigen, zum Absoluten, zu Gott, zum
Universum — sie kann in der Liebe zum Endlichen, zu dieser
Welt ihren Frieden finden. Darum gewinnt Hardenbergs Hyazinth in Rosenblütchens Armen ein volles, ungetrübtes Glück
(4, 24).

Trotzdem bleibt romantische Poesie im wesentlichen eine Poesie
der Sehnsucht. Weit seltener als von der erfüllten dichtet der
romantische Poet von der unerfüllten Sehnsucht, sei das nun
eine rein räumliche Sehnsucht nach der Ferne oder die Sehnsucht, das Ewige, die Gottheit zu erfassen oder die Sehnsucht
nach der Geliebten. Für die Charakteristik dieser Sehnsuchtstim-
mungen haben die Romantiker feinste Worte gefunden, allen
voran Novalis.

---

1) Vgl. J. Körner, Nibelungenforschungen der deutschen Romantik,
1911, S. 80f. 139ff.

IV. Die Programme der romantischen Ethik und Religion.

1. Schleiermacher. Lucinde. Frauenbildung.

Die romantischen Versuche, eine neue Ethik zu stiften, sind von Anfang an mit Schleiermacher verknüpft. Der Zusammenhang ist wohl im Auge zu behalten, soll diesen romantischen Tendenzen nicht Unrecht widerfahren. Das hohe Ziel, das Schleiermacher seiner Sittenlehre gibt, fordert auch für die kühnsten sittlichen Paradoxa der Romantiker verständnisvolle Würdigung; Worte wiederum von verletzender Schärfe, allerspitzefte Epigramme gegen die übliche Sittlichkeit hat vor allem Schleiermacher geformt.

Aus Gegensatz gegen die bestehende Sittenlehre der Aufklärungszeit gelangten die Romantiker zu der Forderung einer neuen Ethik. Deshalb trägt die Mehrzahl ihrer ethischen Kundgebungen den gleichen Charakter überspannender und übertreibender Polemik, der den innerlich und auch äußerlich nahe verwandten Versuchen Nietzsches eigen ist. Mehr noch als auf ästhetischem oder naturhistorischem Felde fühlt ein kühner Neuerer auf dem Gebiete der Sitte sich zu kräftiger Farbengebung angereizt. Die Umwertung aller Werte vollzieht sich hier weit geräuschvoller; schallende Ohrfeigen ertönen da, während der literarische Revolutionär und der naturphilosophische Neuerer mit weniger kräftigen und derben Waffen in den Kampf geht. Diesmal gilt es, den „Ökonomen der Moral" ein Schnippchen zu schlagen. Die Romantik zieht ins Feld gegen den „Philister".

Schleiermachers Ethik, wie sie in den „Monologen" und im „System der Sittenlehre" sich zeigt, fällt in erster Linie durch ihren Gegensatz zu Kants Rigorismus ins Auge. Wie Schiller möchte auch Schleiermacher eine Sittlichkeit der großen Persönlichkeit, der starken Individualität vortragen, möchte dartun, daß auserlesene Naturen wohl imstande sind, auf die stete Selbstprüfung, die der Beobachtung des kategorischen Imperativs innewohnt, zu verzichten. Schiller behält jedoch für seine Ausnahmemenschen, für die „schönen Seelen", die Stütze des kategorischen Imperativs bei, wenn sie durch den Affekt aus der Bahn ruhevollen Lebens hinausgeworfen sind. Schleiermacher denkt an eine organische Sittlichkeit, an eine Beachtung der Stimme, die aus

dem Innersten der menschlichen Individualität ertönt, des Ge=
setzes, das mit Naturnotwendigkeit im Wesen der einzelnen Per=
sönlichkeit gegeben ist. Solcher organischen Sittlichkeit strebt auch
Fr. Schlegel zu. Aber er ist in frühromantischer Zeit weder zu
klarer Erfassung noch zu unzweideutiger Formung seiner Ab=
sichten gelangt. Obendrein nimmt die Verneinung des Bestehen=
den in seinen ethischen Äußerungen weit mehr Raum ein als die
Darlegung bejahender sittlicher Werte.

Im Gegensatz zu derselben Moral der Aufklärung, gegen die
der Sturm und Drang eifert, entwickelt sich die romantische Ethik.
Darum übersieht man auch hier leicht die feinen Unterschiede.
Heinse und der Dichter der „Lucinde" scheinen auf den ersten Blick
enger verwandt zu sein, als sie es tatsächlich sind.

Der Sturm und Drang, vor allem Heinse, steuert ins Ufer=
lose. Alle Schranken sollen niedergebrochen werden. Das „Herz"
allein wird zum Gesetzgeber gemacht, das heißt: der Einfall des
Augenblickes, die Stimmung der einzelnen Stunde, nicht das durch
Reflexion und Selbstbeschauung erkannte Gesetz der eigenen Per=
sönlichkeit. Ein Philosoph des Genusses, wehrt sich Heinse gegen
alles „bürgerliche Wesen" der Liebe. Die Ehe erscheint nur als
„hartes Joch", als „Tod bei lebendigem Fleische", eine „Gewohn=
heit und ein Gesetz", das „bloß für den Pöbel ist, eben weil er
Pöbel ist, der sich nicht selbst regieren kann". Heinse will von solch
„barbarischer Gesetzgebung" nichts wissen; er wünscht eine Repu=
blik, wo wenigstens Mann und Frau mit ihrer Liebe heilig und
frei sind. Diese Verherrlichung der freien Liebe bedeutet selbst=
verständlich vor allem für das Weib eine völlige Umstürzung
des Bestehenden. Und in solchem Sinne entwickelt Heinse am
Schlusse des „Ardinghello" die Prinzipien seiner idealen Republik,
in der die Liebe in allerhöchster Freiheit ihre Flügel schwingt. ¹)

Erheben sich die andern Stürmer und Dränger nicht zu gleichen
Forderungen einer völlig gesetzlosen Freiheit des individuellen
Lebens, bleibt Goethe in der „Stella", Schiller als Vertreter
der „Freigeisterei der Leidenschaft" bei einer zahmeren Zulassung
von Ausnahmefällen stehen, so tönt doch aus der gesamten Dich=
tung der Zeit ein Hymnus auf das starke, titanische Weib. Grund=

1) Nach seiner unterscheidet W. Brecht, Heinse und der ästhetische
Immoralismus, 1911, S. 53 ff.

sätzlich verkündet ja nur Heinse das Glück der Unverheirateten,
die, eine Göttin, ganz Herr über sich selbst, in Gesellschaft mit den
verständigsten, schönsten, witzigsten und sinnreichsten Männern
lebt und ihre Kinder als freiwillige Kinder der Liebe mit Lust er-
zieht. Doch die Machtfrauen der Dichtung jener Tage, voran Adel-
heid von Wallborf, bezeugen noch im Untergang, wie stark und
wie verlockend der Gedanke einer Weiblichkeit, die sich mutig über
alle Schranken hinwegsetzt, damals auf die Jugend wirkte.

Die Romantik verkündet die Befreiung der Frau und kämpft
gegen die bestehende Ehe. Aber sie sucht die Erhöhung des
Weibes nicht in geschlechtlicher Ungebundenheit und sie kämpft
für die echte und wahre gegen die falsche und konventionelle
Ehe. Das oft zitierte Wort Fr. Schlegels: „Es läßt sich nicht
absehen, was man gegen eine Ehe à quatre gründliches einwen-
den könnte", enthält nicht die entscheidenden Eigenheiten des romantischen Ehegedankens; tatsächlich eifert das 34. Athenäumfragment, dem es entnommen ist, aus sittlicher Strenge gegen
die bestehenden Ehen, die fast alle nur „Konkubinate" seien. Das
Experiment der Ehe à quatre, die Ehescheidung überhaupt, sollte
nur Übergangserscheinung sein. Optimistisch hofft Fr. Schlegel,
daß die Zeit kommen werde, da alle Ehen „wirkliche" Ehen sein
würden. Fichtes „Naturrecht" (1796, Werke 3, 336), dessen Anschauung von der Ehe der Ansicht Fr. Schlegels sehr nahekommt,
ja ihr vielleicht zum Vorbild gedient hat, ist wesentlich radikaler.
Den gleichen Geist atmet Schleiermachers „Idee zu einem Katechismus der Vernunft für edle Frauen" (Ath.-Fr. 364). „Merke
auf den Sabbat deines Herzens, daß du ihn feierst, und wenn sie
dich halten, so mache dich frei oder gehe zugrunde!" ruft Schleiermacher dem liebenden Mädchen, aber doch auch der Frau zu, die
durch ein gesetzliches Band an den ungeliebten Mann gefesselt
ist. Freilich warnt er: „Du sollst keine Ehe schließen, die ge-
brochen werden müßte." Ihm ist die Ehe etwas Heiliges; und
er gäbe die bestehende Ehe nur auf, um Besseres für sie einzu-
tauschen. Völlig gleicher Ansicht ist Fr. Schlegels „Lucinde"
(1799): sie spottet über Unehen, mißachtet den Mann, der in der
Frau nur die Gattung, ebenso aber die Frau, die im Manne nur
den Grad seiner natürlichen Qualitäten erblickt; aber sie feiert auch
die „echte Ehe", deren Voraussetzung ewige Liebe ist. Schleier-

machers Verteidigungsschrift, die „Vertrauten Briefe" (1800)
über die „Lucinde", hatte nach dieser Richtung nichts Wesent-
liches hinzuzufügen, wenn sie sich anschickte, „in klaren und festen
Linien eine Lebensphilosophie zu entwerfen, welche der Frau,
der Liebe, der Ehe und Freundschaft, der Scham und der künstlerischen Darstellung der Liebe in der neuen Gesellschaft ihr
Wesen bestimmen sollte" (Dilthey, Schleiermacher S. 497). Nicht
im Gegensatz zu Fr. Schlegels Roman, sondern in voller Übereinstimmung entspringt auch nach Schleiermachers Ansicht nur
aus der Ehe kraftvolles tätiges Leben.

Die Angriffe, die Fr. Schlegels „Lucinde" erfahren hat, gehen
auch weniger gegen die Auffassung der Ehe, als gegen die künstlerische Darstellung und gegen die Analyse der Liebe. Daß Friedrich kein Erzähler ist, daß er weder mit seinem Vorbilde, den Lehrjahren Wilhelm Meisters, noch etwa mit dem „Ofterdingen" seines
Freundes Hardenberg wetteifern kann, wo es gilt, epischen Ver-
lauf künstlerisch darzustellen, ist gewiß. Er selber wollte ein
Werk des „Witzes" liefern, ein Produkt der „Willkür" des Dichters, die kein Gesetz über sich leidet. Die „Lucinde" ist auch noch
in anderem Sinne mit den fichtischen Elementen der romantischen Theorie verknüpft: sie arbeitet mit dauernder Selbstbespiegelung, sie ist ein Roman der intellektuellen Anschauung.
Dieser Roman aber möchte die Liebe ebenso allseitig zur Darlegung bringen, wie in Goethes „Meister" das Theater, in „Sternbald" die Malerei erwogen wird. Und so gipfelt er in einer
impressionistisch-mimischen Wiedergabe der „schönsten Situation"
Die Naturwahrheit der Darstellung, von Fr. Schlegel mit der
ihm eigenen Starrköpfigkeit durchgeführt, mag jeden abschrecken,
der für solche Stoffe die künstlerische Stilisierung der römischen
„Elegien" Goethes wünscht. Uns indessen legten die jüngsten drei-
ßig Jahre so viele Versuche vor, in Romanform das Leben in
allen seinen Zügen zu erfassen, daß man die Rücksicht und die An-
passungsfähigkeit des Lesers, die hier etwas Selbstverständliches
war, auch der „Lucinde" gegenüber walten lassen sollte. Auch
der oft hervorgehobene „Pedantismus" der „Lucinde" könnte in
modernster Literatur leicht Gegenstücke finden.[1]

1) Vgl. P. Kluckhohn, Euphorion 20, 87 ff. und C. Enders, F. Schlegel
S. 364 ff.

Ziel und Zweck des ganzen Buches ist allseitige Beleuchtung der Liebe. Und so erwägt es denn auch die Liebe, die nicht Ehe und Fortpflanzung, sondern nur sich selbst zum Zweck hat. Anstoß kann da nur nehmen, wer die romantische Auffassung der Liebe nicht kennt. Ein übersinnlich-sinnlicher Freier, macht der Romantiker die Liebe zur Religion; und zwar zur Religion im Sinne Schleiermachers. „Heute fand ich", schreibt Julius an Lucinde, „in einem französischen Buche von zwei Liebenden den Ausdruck: ‚Sie waren einer dem anderen das Universum.‘ — Wie fiel mir's auf, rührend und zum Lächeln, daß, was da so gedankenlos stand, bloß als eine Figur der Übertreibung, in uns buchstäblich wahr geworden sei!" (S. 243 f.). Der Liebesbegriff der Romantik gestattet, Höchstes und Niedrigstes, Geistigstes und Sinnlichstes zu verknüpfen. Schleiermacher deutet fein aus: „Sie wissen ja doch von Leib und Geist und der Identität beider, und das ist doch das ganze Geheimnis." Das ist die metaphysische, Schelling vorwegnehmende Voraussetzung des ethischen Grundgedankens, auf den Schleiermacher die geistige Sinnlichkeit der „Lucinde" zurückleitete, des Gedankens bildender Sittlichkeit, die durch den Geist Sinnlichkeit, Phantasie, Leidenschaft adelt sie nicht durch die bloße Gewalt des Gesetzes einschränkt.

Voraussetzung solcher Liebe, aber auch der „echten, wirklichen" Ehe ist die geistige Hebung der Frau, die in der „Lucinde" ebenso gefordert wird, wie in Schleiermachers „Katechismus". Bildung soll der Frau zuteil, sie soll dem Manne geistig genähert, ihm ebenbürtig gemacht werden. „Laß dich gelüsten nach der Männer Bildung, Kunst, Weisheit und Ehre!" lautet das zehnte Gebot Schleiermachers. Ein Wunsch, der von Anfang an Fr. Schlegels Forschen und Sinnen erfüllt.

Auch hier geht er von der Antike aus. In zwei Aufsätzen, die ihren Zusammenhang mit Plato und Hemsterhuis nicht verleugnen, spricht er sich 1794 „Über die weiblichen Charaktere in den griechischen Dichtern" und 1795 „über die Diotima" aus. Sokrates erscheint als Vertreter der Anschauung, daß die Vollkommenheit beider Geschlechter nur eine, Platon und die Stoiker bezeugen, daß die Bestimmung des weiblichen und männlichen Geschlechtes die gleiche sei. Und indem Fr. Schlegel mit Platon und im Gegensatz zu Rousseau für die Frau öffentliche Erzie-

hung, dann Anteil an der Bildung, den Pflichten und Rechten
der Männer fordert, möchte er einseitige Männlichkeit und einseitige Weiblichkeit abwehren. Das klassisch-romantische Ideal des
harmonischen Menschen wird auf die Frauenfrage angewendet,
im Gegensatz zu Schillers Klassizismus, der die Frau in die Einseitigkeit des Naiven bannte. Wieland war dem Bildungsstreben
der Frau weit mehr entgegengekommen; und auch er hatte antike
Frauengestalten wie Aspasia ins Feld geführt. Schillers „Würde
der Frauen" wurde von dem Rezensenten Fr. Schlegel abgelehnt.
W. Schlegel parodierte witzig das Gedicht Schillers (2, 172).
Schärfer noch trat das „Athenäum" für die Bildungsansprüche
der Frau ein. Die Fragmente kommen vielfach auf das Thema zu
sprechen. Im zweiten Bande des „Athenäums" (1799) schlägt
Fr. Schlegel die Brücke von seinen Absichten, die Frau zu bilden,
zu Schleiermachers Religionsbegriff mit dem Aufsatze „Über die
Philosophie. An Dorothea". Die Liebe zum Universum scheint
nach Friedrichs Ansicht der Frau besonders nahezuliegen. Der
Frau eignet, meint er, die Innerlichkeit, die stille Regsamkeit
alles Dichtens und Trachtens, die für ihn die wesentliche Anlage
zur Religion oder vielmehr diese selbst bedeutet. Und so streng
führt er seinen Satz durch: Religion sei die wahre Tugend und
Glückseligkeit der Frauen, daß er sie zur Philosophie erziehen
will, nicht zur Poesie; die Poesie sei wohl der Erde gewogener,
die Philosophie aber heiliger und gottverwandter. Und „die
Poesie der Dichter bedürfen die Frauen weniger, weil ihr eigen-
stes Wesen Poesie ist" (Idee 127).

2. Stiftung einer neuen Religion. Hardenbergs geistliche Dichtung.

Auch auf dem Gebiete der Religion zeigt sich die Erscheinung,
die an der Naturphilosophie und an der Vergöttlichung und
Ästhetisierung des Universums zu beobachten war: es ist unendlich schwer, genau anzugeben, von wem der erste Anstoß ausgegangen ist. Diesmal vielleicht noch schwerer als sonst. Denn der
Kreis der religiös Begeisterten ist weiter. Schelling zwar kommt
nicht in Betracht; vielmehr sind mit Schleiermacher ungefähr
gleichzeitig Fr. Schlegel und Novalis bemüht, religiöser zu werden und dem Christentum neues Leben abzugewinnen. Tieck bleibt

nicht zurück: konnte er doch von ganz anderer Seite, von der Be=
trachtung der bildenden Kunst, wie er sie gemeinsam mit seinem
frühverstorbenen Freunde Wackenroder geübt hatte, sein Scherf=
lein zu dem religiösen Enthusiasmus der Romantiker beitragen.

Am 15. November 1799 schrieb Dorothea von Jena aus an
Schleiermacher: „Das Christentum ist hier à l'ordre du jour.“
Kurz vorher hatte Fr. Schlegel dem Freunde berichtet, wie die
„Reden“ auf Novalis gewirkt hätten: „Hardenberg hat Dich
mit dem höchsten Interesse studiert und ist ganz eingenommen,
durchdrungen, begeistert und entzündet. Er behauptet, nichts an
Dir tadeln zu können und insofern einig mit Dir zu sein. Doch
damit wird es wohl sofo stehen“ (3, 125). Schon dieses Zeugnis
deutet an, daß die „Reden“ stark gewirkt, daß sie aber auch einen
wohlvorbereiteten Boden angetroffen haben, und daß wieder=
um die romantischen Genossen schon zu weit auf dem Wege zu
Religion und Christentum vorgeschritten waren, um Schleier=
machers Lehren uneingeschränkt aufzunehmen.

Wirklich schrieb Fr. Schlegel schon ein volles Jahr früher an
Novalis (20. Oktober 1798): „Was mich betrifft, so ist das
Ziel meiner literarischen Projekte, eine neue Bibel zu schreiben
und auf Muhameds und Luthers Fußstapfen zu wandeln.“
Novalis antwortete am 7. November: „Ich bin auf meinem
Studium der Wissenschaft überhaupt und ihres Körpers, des
Buchs — ebenfalls auf die Idee der Bibel geraten — der Bibel
als des Ideals jedweden Buchs.“ Fr. Schlegels Brief vom
2. Dezember erkannte in dem „absichtslosen Zusammentreffen“
der „biblischen Projekte“ „eines der auffallendsten Zeichen und
Wunder“ des „Einverständnisses“ beider Freunde, aber auch
ihrer „Mißverständnisse“. Denn Schlegel hatte sofort aus Har=
denbergs Brief herausgelesen, daß Novalis nur „in einem ge=
wissen Sinne“ in der Bibel die „literarische Zentralform und
also das Ideal jedes Buchs“ finde. Schlegel selber aber hatte
eine Bibel im Sinne, die nicht in gewissem Sinne, nicht gleich=
sam, sondern ganz buchstäblich und in jedem Geist und Sinne
Bibel wäre“. Nicht um ein literarisches, sondern um ein bibli=
sches, durchaus religiöses Projekt handle es sich. „Ich denke
eine neue Religion zu stiften oder vielmehr sie verkünbigen zu
helfen: denn kommen und siegen wird sie auch ohne mich. Meine

Religion ist nicht von der Art, daß sie die Philosophie und Poesie verschlucken wollte." Sehr dunkel umschreibt Fr. Schlegel die Bedingung, unter der er auf Hardenbergs volle Zustimmung rechnen darf: „Die eigentliche Sache ist die, ob Du Dich entschließen kannst, wenigstens in einem gewissen Sinne das Christentum absolut negativ zu setzen." Und prophetisch ruft er dem Freunde zu: „Vielleicht hast du noch die Wahl, entweder der letzte Christ, der Brutus der alten Religion, oder der Christus des neuen Evangeliums zu sein." Dieses neue Evangelium rege sich schon; Schleiermacher arbeite an einem Werke über die Religion. Tieck studiere Jakob Böhme; und die Synthesis von Goethe und Fichte — die Voraussetzung und der Ausgangspunkt der romantischen Naturphilosophie (s. S. 40) — könne nichts anderes ergeben als Religion. Am 20. Januar 1799 erklärte dann Novalis, Friedrichs Meinung von der Negativität der christlichen Religion sei vortrefflich. „Das Christentum wird dadurch zum Range der Grundlage der projektierenden Kraft eines neuen Weltgebäudes und Menschentums erhoben." „Absolute Abstraktion, Annihilation des Jetzigen, Apotheose der Zukunft — dieser eigentlichen, besseren Welt: dies ist der Kern der Geheiße des Christentums, und hiermit schließt es sich an die Religion der Antiquare, die Göttlichkeit der Antike, die Herstellung des Altertums, als der zweite Hauptflügel an; beide halten das Universum, als den Körper des Engels, in ewigem Schweben." Fr. Schlegel stimmte zu, daß das Christentum eine Religion der Zukunft sei, wie die der Griechen eine der Vergangenheit. „Aber ist sie nicht noch mehr eine Religion des Todes, wie die klassische eine Religion des Lebens?" „Vielleicht bist du der erste Mensch in unserem Zeitalter, der Kunstsinn für den Tod hat" (S. 130).

Aus diesen Briefstellen erhellt, daß Fr. Schlegel und Novalis den Anregungen Schleiermachers längst vorangeeilt waren. Auch das persönliche Bekanntwerden Hardenbergs und Tiecks (im Sommer 1799) kann nur bestätigend und weitertreibend auf Novalis gewirkt haben. In herrnhutischer Umgebung von Zinzendorfs Gedanken der „Konnexion mit dem historischen Christus" früh berührt, pietistisch der Ergründung des „Mittlertums" Christi hingegeben, findet Novalis auch als einziger unter den Genossen sofort die dichterische Kraft, in künstlerischer Form auszudrücken, was ihm Religion und Christentum bedeuten. Es entstehen seine geistlichen Lieder, Offenbarungen zugleich der neuen Religion, der Vergöttlichung des Universums, der sehnsüchtigen Liebe zum Ewigen, wie auch wunderbar schlichte Bekenntnisse eines Gläubigen, dem in Christi Gestalt ein Wegweiser zum überirdischen erstanden ist. Fr. Schlegel erkannte den hohen künstlerischen und menschlichen Wert der christlichen Sänge Hardenbergs sofort (an Schleiermacher, November 1799): „Auch christliche Lieder hat er uns gelesen; die sind nun das Göttlichste, was er je gemacht. Die Poesie darin hat mit nichts Ähnlichkeit, als mit den innigsten und tiefsten unter Goethens früheren kleinen Gedichten.“

Weit deutlicher noch als in den geistlichen Liedern kommen die Gedankenkeime der zwischen Fr. Schlegel und Novalis gewechselten Briefe von Anfang 1799 in Novalis’ „Hymnen an die Nacht“ zu dichterisch geklärter und vertiefter Gestaltung. Erlebtes Leid verknüpft sich mit dem neuerrungenen religiösen Gefühl. Das Christentum als „Grundlage der projektierenden Kraft eines neuen Weltgebäudes und Menschentums“, sein Geheiß einer „absoluten Abstraktion, Annihilation des Jetzigen“, die daraus erwachsende „Apotheose der Zukunft, dieser eigentlichen besseren Welt“: all das ist in die „Hymnen“ hineinverwebt und dazu auch das Verhältnis des Christentums zur Antike, zur „Religion der Antiquare“. Auch Fr. Schlegels Frage ist hier beantwortet, ob das Christentum noch mehr eine Religion des Todes sei, als die klassische eine Religion des Lebens. Weil die Antike ganz auf das Leben, auf das Diesseits gestellt ist, ist ihr der Tod ein Schreckbild, während Christus die Welt mit dem Todesgedanken ausgesöhnt hat. Der Tod eröffnet dem Christusgläubigen den Eintritt in eine höhere und bessere Welt; das Kreuz hat die Menschheit für die Ewigkeit geboren. Schleiermachers Anschauung, daß das religiöse Gefühl uns dem Unendlichen nahebringe, wird von den „Hymnen“ in die Formen christlichen Glaubens umgesetzt: der Mittlertod Christi hat der Menschheit den Weg ins Ewige eröffnet. Der Gedanke der Unendlichkeit, symbolisiert in der Vorstellung eines jenseitigen Lebens, tröstet den Dichter über den Verlust der Geliebten. Nur in diesem engen irdischen Dasein hat er auf die Geliebte zu verzichten. Menschendasein aber reicht weiter reicht hinaus über die Grenzen des Irdischen. Und der Tod sprengt die Fesseln dieses irdischen Lebens.

Freilich kommt diesmal nur die eine Seite von Schleiermachers Religion zur Geltung: das Unendliche hebt über das Endliche empor, nicht die andere: das Endliche ist uns lieb, weil das Unendliche sich in ihm darstellt. Eine Dichtung des romantischen Monismus und der romantischen Daseinsfreude sind die „Hymnen" nicht. Novalis schrieb sie, erfüllt von der Idee eines freiwilligen, bewußt erstrebten Todes, von dem Gedanken also, den das Ableben Sophie von Kühns in ihm ausgelöst hatte. Er söhnte sich später wieder mit der Welt des Diesseits aus, im Sinne Schleiermachers, für den auf dieser Welt ein Abglanz der ewigen ruht. W. Schlegel umschreibt die Stimmung der „Hymnen" im achten Gedichte des „Totenopfers für Augusta Böhmer" (1, 136).

> Du schienest, losgerissen von der Erde,
> Mit leichten Geistertritten schon zu wandeln,
> Und ohne Tod der Sterblichkeit genesen.
> Du riefst hervor in dir durch geistig Handeln,
> Wie Zauberer durch Zeichen und Gebärde,
> Zum Herzvereine das entschwundne Wesen.

Gewolltes Sterben ist auch das Ziel des „hohen Menschen" in Jean Pauls „Unsichtbarer Loge". Ihn kennzeichnet „die Erhebung über die Erde, das Gefühl der Geringfügigkeit alles irdischen Tuns, ... der Wunsch des Todes und der Blick über die Wolken" (Hempel 1, 184). Im Emanuel des „Hesperus" zeichnet Jean Paul einen Menschen dieser Art. Zugleich begegnet sich Novalis mit Böhmes Anschauung von der „Zerbrechlichkeit".

Durch den Sündenfall ist „Zerbrechlichkeit" in die Welt gekommen; vorher waren die Dinge nur „ihr Äther". Wenn die zerbrechliche Form vergeht, dann wird die Seele wieder Äther und erkennt alle Herrlichkeit in ungetrübter Helle. Die Qual der Leidenschaft verschwindet mit der Zerbrechung der Fesseln. Wie in fast aller Mystik verbindet Neuplatonisches und Christliches sich auch in diesen Anschauungen Böhmes. Eine verwandte Verknüpfung liegt den „Hymnen" zugrunde; daher rührt die Ähnlichkeit. Unmittelbare Übernahme von Böhmes Lehren zeigt nur der „Ofterdingen". Der ganze Roman mit seinen Fortsetzungen sollte das allmähliche Aufsteigen des Menschen, die schrittweise Erlösung aus den Fesseln des irdischen Lebens zeich=

nen. Für die Stufenfolge dieses Aufstrebens dachte Novalis Böhmes Begriff der dreifachen Geburt zu nutzen. Die erste und zweite Stufe ist nicht rein vor dem Herzen Gottes: die erste, die elementische, die Stufe des Todes, die zweite, die siderische, die beiden Welten angehört. Auf der dritten, der animalischen Stufe, ersteht der zur Wiedergeburt reife Mensch. Zur Erlangung der Seligkeit muß der Mensch alle drei Geburten durchmachen.

Daß sich diese Symbolik mit der aufsteigenden Entwicklungsreihe der Naturphilosophie verknüpfen ließ, ist klar. Aus beiden Voraussetzungen ergeben sich die Fiktionen, die den Schluß des „Ofterdingen" bilden sollten und die ohne diese Erläuterung sonderbar genug klingen: Heinrich wird ein Stein, dann ein klingender Baum, dann ein goldener Widder, endlich ein Mensch. Weibliche Aufopferung gestattet ihm, von einer Stufe zur anderen weiterzugehen. Das Ewigweibliche zieht auch Heinrich von Ofterdingen hinan.

Die Lehre Böhmes von der „Zerbrechlichkeit", die durch den Abfall von Gott eingetreten sei, und von der Rückkehr der Seele zu Gott, fand gleichen Anklang wie bei Hardenberg in der Seele Franz von Baaders. Windelband (Geschichte der neueren Philosophie 2, 350) erkennt in Baaders Philosophie „eine etymologien- und analogienreiche Verquickung der Böhmeschen Mystik mit Kantischen und Fichteschen Gedanken" und weist schon durch dieses Urteil auf die enge Verwandtschaft von Hardenbergs und Baaders Denken hin.[1]) Durch Baader wurde auch Schelling in der Wendung zur Theosophie bestärkt, die sich in seiner „Freiheitslehre" kundgibt und die einer Anregung seines Schülers Eschenmayer entspringt. Mit der Theosophie der Freiheitslehre ging Schelling zum Irrationalismus weiter. Windelband zeigt (a. a. O. S. 338 ff.), wieweit Schelling damit in die Bahnen Jacobis einlenkt und Vorläufer Schopenhauers und Feuerbachs wird. Gleicher Theosophie huldigte der alternde Fr. Schlegel; auch er lehrte, angeregt von Böhme, daß durch den Sündenfall das Unendliche ins Endliche übergeht, daß dieses Endliche wieder ins Unendliche übergehen sollte, und zwar indem das Individuum sich dem positiven göttlichen Gesetz unterwirft. Der salto

---

1) Vgl. Johannes Nohl, Euphorion 19, 612 ff.

mortale in den Abgrund der göttlichen Barmherzigkeit, den
Fr. Schlegel einst spottend Jacobi vorzuwerfen hatte (Minor 2,
91), ward nun von ihm selbst und von seinen romantischen Genossen ausgeführt. Kein Wunder, daß fortan Jacobi ein Mit-
arbeiter der Zeitschriften Fr. Schlegels wird, ebenso wie Hamann,
der typische Irrationalist des 18. Jahrhunderts, gleichzeitig in
der Romantik eine Wiedergeburt erlebt. Von Hamann unterschied
sich indes der Irrationalismus der ihrem Ende zueilenden Romantik durch deren ausgesprochen katholischen Charakter.

**3. Wendung zum Katholizismus, zum Mittelalter und Orient.
Fr. Schlegels spätere Konstruktionen der Entwicklung der
Menschheit.**

Auch Novalis blieb bei den Offenbarungen der Unendlichkeits-
und Universumsreligion Schleiermachers nicht stehen. Schon hatte
er in den „Hymnen" und in den geistlichen Liedern die Symbol-
welt des Christentums verwertet. Er hatte nicht bei der Scheidung
von Moral und Theologie einerseits und von Religion anderseits mit Schleiermacher halt gemacht, war vielmehr ins Konfes-
sionelle weitergegangen. Auch innerhalb des christlichen Glaubensbekenntnisses suchte er das, was ihm zusagte, zu trennen von dem,
was ihm fremd war. Gleichzeitig mit den geistlichen Liedern
kündigte Fr. Schlegel den Aufsatz „Die Christenheit oder
Europa" von Novalis dem Genossen Schleiermacher an (3.
133 f.) und führte ihn ausdrücklich auf die „ungeheure Wirkung"
zurück, die von den „Reden" auf Novalis ausgeübt worden war.
Fest muß man den deutlichen Hinweis des Aufsatzes auf Schleiermacher (2, 40 f.) im Auge behalten, soll seine Absicht nicht miß-
deutet werden. Er zeichnet eine kulturgeschichtliche Entwicklungs-
linie nach dem Rhythmus, den Schillers Klassizismus, die Romantik Fr. Schlegels und Fichtes Geschichtsphilosophie vorgezeich-
net hatten. Von primitiver, monotoner Harmonie geht es weiter
zur Disharmonie und endlich zu höherer Allseitigkeit. Doch die
alten Rubriken finden neue Ausfüllung. In der ersten erscheint
diesmal nicht das Griechentum, sondern das katholische Mittelalter. Auf wenigen Seiten entwirft Novalis ein Bild der „schönen, glänzenden Zeiten, wo Europa ein christliches Land war,
wo eine Christenheit diesen menschlich gestalteten Weltteil be-

wohnte". Diese „echtkatholischen oder echtchristlichen Zeiten" sind mit dem romantischen Auge gesehen, das fortan auf Jahrzehnte das Mittelalter ebenso sentimentalisch verklären sollte, wie die Antike vom 18. Jahrhundert sentimentalisch geschaut worden war. Die Zwiespältigkeit, die nach solchem goldenen Zeitalter eintrat, war notwendig; denn nur durch sie konnte die Kulturentwicklung weiterschreiten. Trotzdem erspart Hardenberg dem Protestantismus, der die Disharmonie mit sich brachte, keinen Vorwurf. Luther habe den Geist des Christentums verkannt; die Behauptung der heiligen Allgemeingültigkeit der Bibel mische die Philologie, die Buchstabenwissenschaft, in die Religionsangelegenheiten und wirke auszehrend auf den Sinn. Daher gebe es nur wenige Lichtpunkte in der Geschichte des Protestantismus, so Böhme und Zinzendorf. Dem Protestantismus gegenüber erhält der Orden der Jesuiten ein ehrenvolles Zeugnis; die Jesuiten erscheinen als universal strebende Vorkämpfer der katholischen religiösen Bildung. Um so schlimmer ergeht es der Aufklärung. Bibel, Christentum und Religion werden nach Novalis von den Aufklärern ebenso gehaßt und verketzert wie Phantasie und Gefühl, Sittlichkeit und Kunstliebe, Zukunft und Vorzeit. Im Kampf gegen die Aufklärung erstehe zur Zeit die neue Harmonie. Naturwissenschaft und Politik bezeugen, daß eine neue Zeit herankomme: Naturwissenschaft natürlich im Sinne der Naturphilosophie genommen, die Politik, weil Hardenberg hofft, daß die Christenheit wieder lebendig und wirksam zu werden und eine sichtbare Kirche ohne Rücksicht auf Landesgrenzen zu bilden sich anschicke. In dieser Hoffnung auf die „heilige Zeit des ewigen Friedens" klingt der Aufsatz aus.

Auf Jahrzehnte hinaus war hier nicht nur die romantische Anschauung des Mittelalters gegeben; auch die letzten religiöspolitischen Konsequenzen der Romantik waren vorweggenommen. Fr. Schlegel kam nur langsam und allmählich zu gleichen Zielen. 1799 stand er der Programmschrift Hardenbergs noch so romantisch ironisch und überlegen gegenüber, daß er Schellings Neigung unterstützte, ein Wort gegen Novalis vorzubringen. Er schrieb an Schleiermacher (3, 134), Schelling habe da Hardenberg und Tieck „es so grimmig trieben mit ihrem Wesen", „einen neuen Anfall von seinem alten Enthusiasmus für die Irreligion bekommen"

und fügte hinzu, daß er selber ihn darin aus allen Kräften be=
stätige. „Drob hat er ein Epikurisch Glaubensbekenntnis in
Hans Sachs Goethes Manier entworfen." Das „Epikurisch
Glaubensbekenntniß Heinz Widerporstens" („Aus
Schellings Leben" 1, 282 ff.) ist ein Einspruch des Verehrers der
Natur, dem „nur das wirklich und wahrhaft ist, was man kann
mit den Händen betasten", gegen den Spiritualismus der Gott=
sucher, die sich ins Universum verlieren. Nur daß der Gegensatz
viel feiner ist, als man auf den ersten Blick meinen möchte. Denn
obwohl alles auf einen frischen Genuß der Sinnlichkeit angelegt
scheint, kommt der Spiritualismus Schellings doch im „Glaubens=
bekenntnis" zum Vorschein. Schelling aber schiebt übertreibend
die romantischen Genossen etwa an die Stelle, auf der F. H.
Jacobi steht.

Das Ganze stellt ja nur einen übertreibenden Scherz dar,
mag es immerhin auf eine Kluft deuten, die, vorläufig noch
leicht überbrückbar, später mehr und mehr sich auftun sollte.
Noch betrachteten die romantischen Genossen solche Gegensätze
und ihre humoristische Darlegung so ganz vom Standpunkte des
rein Geistigen, um nicht zu sagen des Witzspiels, daß sie No=
valis' Bekenntnis neben dem Schellings im „Athenäum" abzu=
drucken geneigt waren. Ihrer „Philironie" hätte solche Betonung
der Gegensätze ihres eigenen Glaubensbekenntnisses zugesagt. Da
aber legte Goethe, den man um Rat angegangen hatte, sein Veto
ein, Goethe, der mit Heinz Widerporst im Innersten gegen die
romantischen Religiösen sich einig fühlte, der in Schellings Ge=
dicht Fleisch von seinem Fleisch und Bein von seinem Bein
finden mußte.

Die geistige Freiheit und „Philironie" verschwand auf allen
beteiligten Seiten in dem Augenblick, als die Romantik von der
Erörterung ihrer Gedanken zur Tat weiterschritt. Fr. Schlegels
Übertritt ins katholische Lager setzte Hardenbergs Lehre in Tat
um. Um 1800 aber steht Schlegel diesem Schritt noch so fern,
daß seine nächsten kulturhistorischen Konstruktionen von dem
Aufbau des Aufsatzes Hardenbergs weit abliegen; nur nach
der Konversion nähert sich Schlegels Geschichtsphilosophie dem
Aufsatze „Die Christenheit oder Europa".

Im Zeitalter des „Athenäums" hatte sich Fr. Schlegels erste

weltgeschichtliche Konstruktion im romantischen Sinne verschoben. Der antiken Harmonie war die Disharmonie der neueren Zeit gefolgt; aus dieser Disharmonie aber leitete die Romantik, sei es, daß sie mit Fichte im Sinne der romantischen Ironie freieste, allseitigste Beweglichkeit vertrat, sei es, daß sie mit Schelling den organisch notwendigen Prozeß steten Bewußterwerdens durchlebte, zu neuer Harmonie weiter. Diese Konstruktion änderte sich in dem Augenblick, da der Orient in den Gesichtskreis Fr. Schlegels eintrat. Auch Novalis wies in seinen letzten Kundgebungen immer wieder auf den Orient.

Wohl muß geschieden werden zwischen dunkeln Andeutungen, die an ein Lieblingsbuch Hardenbergs, an Jung-Stillings „Heimweh" (1794), erinnern, und unverhüllten, unzweideutigen Hinweisen auf Orient und Morgenland. Jung-Stilling dachte an Christus und Christenglauben, wenn er vom Osten und vom Morgenland redete; ähnlich meinte es das zweite geistliche Lied Hardenbergs: „Fern in Osten wird es helle" (1, 64). Vieldeutig, wenn auch nicht im Heimwehsinne Stillings, sagt die 133. Idee „Zunächst rede ich nur mit denen, die schon nach dem Orient sehen." Und ebenso klingt das Nachwort der „Ideen" aus, die Widmung an Novalis: „Allen Künstlern gehört jede Lehre vom ewigen Orient. Dich nenne ich statt aller andern" (2, 307).

Greifbarer erscheinen Orient und Indien in dem Aufsatze „Die Christenheit oder Europa" (2, 37. 39) und im „Ofterdingen" (4, 142). An östliche Kultur denkt Fr. Schlegel wirklich, wenn es im „Gespräch über die Poesie" (2, 362) heißt: „Im Orient müssen wir das höchste Romantische suchen." Ebenso ist es mit dem Fragment Hardenbergs: „Größere Einfachheit — wenigere aber besser verteilte Massen der Natur, des Lebens und der Menschen im Orient. Die orientalischen Menschen, Lebensalter usw. unterscheiden sich sehr von den unsrigen" (3, 298). Diese Beobachtung kehrt bei Fr. Schlegel wieder und wird von ihm verwertet und weitergedacht.

Der Aufsatz, der programmartig den ersten Band von Fr. Schlegels „Europa" (1803) eröffnete, suchte den Orient in die weltgeschichtliche Konstruktion einzubeziehen und entdeckte in ihm eine Verbindung der Gegensätze, die in Europa walten und gewaltet haben. Was im Orient aus einer einzigen Quelle ent-

springt, sollte sich in Europa teilen und künstlicher entfalten. Vor-
zügliche Eigenheiten der beiden Gegensätze klassisches Altertum und
moderne romantische Zeit sind in Indien zur höchsten Schönheit
vereint oder bestehen, ohne sich gegenseitig auszuschließen, dicht
nebeneinander. So finden die geistigste Selbstvernichtung der Chri-
sten und der üppigste, wildeste Materialismus der Religion der
Griechen ihr höheres Urbild in Indien. Fr. Schlegel ist denn nicht
abgeneigt, die europäische Trennung des Klassischen und Romantischen unnatürlich und verwerflich zu finden. Katholische Kunst
und neueste Philosophie bezeugen ihm, daß eine Verknüpfung von
Klassischem und Romantischem wohl denkbar sei: die katholische
Religion habe sich den künstlerischen Glanz und Reiz, die poetische
Mannigfaltigkeit und Schönheit der griechischen Mythologie und
Gebräuche zu eigen gemacht, die Philosophie — nicht nur der kritische Idealismus, auch schon Spinoza — stimme mit der antiken Philosophie derart überein, daß sie nur deren Fortsetzung zu sein
scheine. Diese Übereinstimmung alter und neuer Philosophie sei
ja begreiflich, da die Trennung und immer weiter getriebene Trennung des Einen und Ganzen aller menschlichen Kräfte und Gedanken schon im Altertum einsetzte. Jetzt freilich sei die Trennung an der äußersten Grenze angelangt. „Tiefer kann der Mensch
nun nicht sinken." Pessimistischer als je urteilt Fr. Schlegel hier
über die Gegenwart. Eine Revolution müßte vom Orient kommen: „Wir können es doch nicht vergessen haben, woher uns bis
jetzt noch jede Religion und jede Mythologie gekommen ist, d. h.
die Prinzipien des Lebens, die Wurzeln der Begriffe" (S. 36).
   Die Verknüpfung des Klassischen und Romantischen, die Be-
seitigung der Schranken, die beide Begriffe trennen, ist ein
natürliches Ergebnis von Fr. Schlegels Sinnesart. Auf Allheit
war er von Anfang an bedacht, größte Vielseitigkeit ist von
vornherein sein Programm. Der Begriff der romantischen „Universalpoesie" deutet auf dieses Programm; das „Gespräch über
die Poesie" hatte vollends den Begriff des Poetischen fast ins
Unermeßliche erweitert. Das Verbinden der Gegensätze, die Fähigkeit, sich jederzeit in jedem Sinne selbst bestimmen zu können,
war Fr. Schlegels Lieblingsneigung gewesen, seitdem er seine
„revolutionäre Objektivitätswut" überwunden hatte. Nun galt es,
Antikes und Modernes, Klassisches und Romantisches auch in

dichterischer Tat aufs kühnste zu verbinden. Das Probestück der neuen Lehre ist sein „Alarkos" (1802). Schon das Versmaß strebt die Verknüpfung der Gegensätze an. Der spanische Rhythmus vereint sich mit dem Trimeter in einem Kunstwerk. Dem For=menreichtum der romantischen Dramen, der zunächst spanischen Vorbildern abgesehen war, ersteht eine neue Erweiterung, die noch in Goethes „Faust", zunächst im dritten Akte des zweiten Teiles, künstlerisch fördernd nachwirkt.

Den Einfluß der indischen Philosophie auf die europäische ver=folgte fortan Fr. Schlegel mehrfach, so natürlich in dem Buche „Über die Sprache und Weisheit der Indier" (1808, S. 204 ff.) und in der fünften Vorlesung über die „Geschichte der alten und neuen Literatur" (1815, 1, 187 ff.). Das Problem des Ent=wicklungsganges der Menschheit spielt ferner fast in allen seinen späteren Schriften eine Rolle, so zunächst in den Paris=Kölner Vorlesungen. Die Umschreibung des Begriffes „Romantisch" ge=winnt bei diesen Erwägungen neue Formen. Immer stärker tritt das christliche oder vielmehr katholische Element der Weltanschau=ung von Fr. Schlegels letzter Entwicklungsphase in den Vorder=grund. Und zwar dehnt sich infolgedessen sein Begriff des Roman=tischen bald weit aus, bald zieht er sich wieder zusammen. Das Problem der Harmonie wird dabei in wechselnder Betrachtung immer neu gefaßt. Bald decken sich Harmonie und Romantik, bald treten sie weit auseinander. Die weiteste Ausdehnung erfährt das Romantische um die Mitte des zweiten Dezenniums des 19. Jahrhunderts.

Zu dieser Zeit ging Fr. Schlegel der Behauptung seiner „Eu=ropa", daß eine Verknüpfung des Klassischen und Romantischen denkbar sei und daß der Katholizismus eine solche Verbindung verwirkliche, in den Wiener Vorlesungen über „Geschichte der alten und neuen Literatur" (1815, 2, 128 ff.) weiter nach. Bei Gelegen=heit der spanischen Poesie wiederholte er die These, daß das Romantische mit dem Alten und wahrhaft Antiken nicht streite. Das Romantische aber beruht diesmal für Fr. Schlegel „auf dem mit dem Christentum und durch dasselbe auch in der Poesie herr=schenden Liebesgefühl". Gedanken, die in dem „Gespräch über die Poesie" schon auftauchen, finden hier eine mehr und mehr katholische Färbung. Der Katholizismus entwickelt sich Schritt für Schritt zum Hort der Allseitigkeit, der von Jugend an Schlegel zustrebt. Dieser katholischen Romantik werden nunmehr die „Sage von Troja" und die homerischen Gesänge nahegerückt und „alles, was in indischen, persischen und andern alten orientalischen oder europäischen Gedichten wahrhaft poetisch ist". Selbst in den Tra=gikern der Alten spürt er jetzt Anklänge dieses Gefühls. Ja, das Romantische, das nun vollends zur Universalpoesie geworden ist, hat nur zwei Gegensätze: das fälschlich unter uns wieder auf=gestellte „Antikische", das ohne innere Liebe bloß die Form der Alten nachkünstelt, und das Moderne, das die Wirkung auf das Leben zu erreichen glaubt, indem es sich ganz an die Gegenwart anschließt und sich in die Wirklichkeit einengt.

Ein Zusatz der Ausgabe von 1822 (2, 128) geht noch weiter: die Harmonie der katholischen Dichtkunst wird noch über die An=tike gesetzt. Was bei den Alten geschieden war, die strenge Sym=bolik der Mysterien und die eigentliche Mythologie oder die neue, sinnliche Heldenpoesie", ist hier vereinigt. Alles ist in ihr durch und durch symbolisch. Diese Symbolik, die in dem Natur=geheimnis der Seele begründet ist, hat auch Shakespeare erreicht, Calderon aber zur christlichen Verklärung geführt.

Es sind die alten, um 1800 gewonnenen Gesichtspunkte: die Darstellung des Unendlichen im Endlichen, die Allseitigkeit, die Forderung einer bewußten Poesie; aber alles spitzt sich jetzt auf den Katholizismus zu. Religion, Liebe, Mittlertum — alles war schon in den „Ideen" verwertet worden, hatte dort dem Begriffe der romantischen Poesie sich eingegliedert. Jetzt sind diese Vorstellungen verengt und genauer, nicht im übertragenen, sondern im katholischen Sinne gefaßt.

Das katholische Bekenntnis und Böhmes Lehren (s. oben S. 69 f.) gestatten Schlegel noch ganz zuletzt, einen höchsten Typus der Harmonie in katholischem Sinne welthistorisch zu konstruieren. Ausführlich erwogen wird das Problem in den achtzehn Wiener Vorlesungen von 1828 über „Philosophie der Geschichte" (1829). Es ist die Aufgabe der Philosophie, das verlorene göttliche Eben=bild im Menschen wiederherzustellen. Aus freier Wahl ist der Mensch durch den Sündenfall um die Herrschaft über die Natur gekommen und unter sie herabgesunken. Das höhere Licht der göttlicher Wahrheit ward erst durch das Christentum der Wissen=

schaft und dem Leben nähergebracht, nachdem die Juden schon
als Wegweiser zur Erkenntnis Gottes sich erwiesen hatten. Das
vierte Weltalter, an dessen Grenze Fr. Schlegel seine Zeit setzt,
wird den Sieg des Lichts über die Finsternis bringen. Voraus=
setzung der ganzen Konstruktion ist der Glaube an Christus und
an das Gnadengeheimnis der göttlichen Erlösung des Menschen=
geschlechtes. Ohne diesen Glauben wäre die ganze Weltgeschichte
„nichts als ein Rätsel ohne Lösung, ein Labyrinth ohne Ausgang,
ein großer Schutthaufen aus den einzelnen Trümmern, Steinen
und Bruchstücken von dem nun unvollendet gebliebenen Bau, aus
der großen Tragödie der Menschheit, die alsdann gar kein Resul=
tat haben würde" (2, 9).

Innerhalb dieser Entwicklung, die eine letzte Umgestaltung der
alten Schillerschen und frühromantischen Konstruktion bedeutet,
erscheint eine Stufe der Harmonie, ein besonders begünstigtes
Zeitalter, das alle die Vorteile sein Eigen nennt, mit denen Schil=
ler und der junge Fr. Schlegel die griechische Antike bedenken.
Es ist das vorghibellinische Mittelalter. Fr. Schlegel denkt an
den Augenblick, da der deutsche Stammescharakter und die ger=
manische Natur= und Heldenkraft mit dem römischen Weltver=
stande durch die christliche Liebe und religiöse Gesinnung ganz
in Harmonie gesetzt und in eins verschmolzen waren. Aus dieser
glücklichen Mischung gingen die großen und milden Charaktere
Karls des Großen und Alfreds hervor. Sobald die religiöse Macht
der christlichen Gesinnung nachließ, fielen die Elemente, die die
Menschheit zur Vereinigung gebracht hatten, wieder auseinander.
In dieser Zersplitterung wurzelt das Romantische; ihr entkeimt
Dantes Werk ebenso wie Baukunst und Malerei des Mittelalters.

Und doch sind es nur alte Thesen der frühromantischen Zeit.
Völlig aber stimmen einzelne Behauptungen Fr. Schlegels mit
Hardenbergs Aufsatz „Die Christenheit oder Europa" überein;
an beiden Stellen ist das gläubige Mittelalter, die Zeit, da Staat
und Kirche Hand in Hand gehen, als eine Epoche der Harmonie
gedacht wie das Griechentum der Briefe „Über die ästhetische
Erziehung des Menschen" oder der Abhandlung „Über das Studium
der griechischen Poesie". Über ein Menschenalter weg reichen sich
Novalis und sein zum Parteigänger Roms gewordener Jugend=
freund die Hand. Kühne, hoch über der Erde schwebende Ahnungen

Hardenbergs sind jetzt zu Leitsätzen der Geschichtsphilosophie Fr. Schlegels geworden.

Ein unvereinbarer Widerspruch besteht indes nicht zwischen dieser letzten weltgeschichtlichen Konstruktion Fr. Schlegels und der Anschauung des Romantischen in den Wiener Vorlesungen über „Geschichte der alten und neueren Literatur". Vielmehr handelt es sich nur um den Gegensatz, der von Anfang an in der romantischen Fassung des Begriffes „Allseitigkeit" liegt. Mit Schiller hatte Fr. Schlegel in seiner ersten „objektiven" Zeit die Griechen zu Vertretern einer Harmonie gestempelt, die alle Gegensätze zu voller Einheitlichkeit verknüpft. Dann war ihm die proteus= artige Beweglichkeit, die Fähigkeit, von einem Gegensatz zum andern zu springen und das Widersprechendste zu einer Einheit zu verknüpfen, als Ideal menschlicher Allseitigkeit aufgegangen. Dieses Ideal liegt der romantischen Poesie zugrunde; dieses Ideal findet er wieder im Orient, findet es in einem Reichtum und in einer Fülle der Gegensätze, die selbst die Antike einseitig erscheinen läßt. Nun kann er in den Wiener Vorlesungen das Romantische überall da entdecken, wo ähnlicher Reichtum sich zeigt. 1828 kehrte er zu der einheitlichen Harmonie zurück, im Gegensatz zu der das Romantische wohl reicher, aber auch zersplitterter er= scheint. Und jetzt schrieb er der Zeit des Mittelalters, in der ger= manisches Heldentum und romantische Kirche Hand in Hand gehen, solche Allseitigkeit, eine Harmonie im klassischen Sinne zu.

Vorweggenommen hatte diese Anschauung Hardenbergs Auf= satz „Die Christenheit oder Europa". Schon aus diesem Grunde bezeichnet er einen entscheidenden Schritt zur späteren katholischen Wendung der Romantik hin. Seine Verherrlichung des katholischen Mittelalters bereitet das Zeitalter der Bekehrungen vor.

Eine weitere Vorstufe bildet frühromantische Verklärung der christlichen Malerei. Ist doch auch Novalis' Aufsatz nicht un= berührt geblieben von den Hymnen, die der christlichen Malerei von ihren frühromantischen Vergötterern gesungen worden sind.

V. Tiecks und Wackenroders Anteil.
1. Deutsches Mittelalter. Spanien.

Ganz aus Eigenem hatte Novalis sein Bild des katholischen Mittelalters nicht geschöpft. Die neue Freundschaft mit Tieck trug da ihre ersten Früchte. Tieck ließ in die romantische Gedankenwelt Wackenroders Ströme münden. Es ist vielleicht das Merkwürdigste an der ganzen Entwicklungsgeschichte der deutschen Romantik, daß eine Haupttendenz, die bald darauf alle anderen Bestrebungen der Frühromantik überwuchern, der Mit- und Nachwelt als Mittelpunkt deutscher Romantik erscheinen und ihr die nachhaltigsten kulturellen und künstlerischen Wirkungen schenken sollte, von einem überzarten, kränklichen, früh dem Tode verfallenen Jüngling ausgegangen ist, der mit den Führern der frühromantischen Bewegung wenig oder gar keine Fühlung hatte und in seinem innersten Wesen zu den romantischen Proteusnaturen nicht paßte. Fr. Schlegel aber, der ihn nur flüchtig kennen lernte, traf den Nagel auf den Kopf, als er Anfang November 1797 an seinen Bruder schrieb (S. 307), ihm sei Wackenroder „der liebste aus dieser ganzen Kunstschule", d. h. aus dem Kreise Tiecks, und hinzusetzte: „Er hat wohl mehr Genie als Tieck; aber dieser gewiß weit mehr Verstand."

Bei keinem der Frühromantiker war die Gemütsseite gleich stark, ja einseitig entwickelt. Hardenberg drängte es viel energischer aus den Kreisen des Unbewußten zur Klarheit hin. Dennoch steht er Wackenroder gewiß am nächsten; und der Zauber, den Tieck gleich bei der ersten Bekanntschaft auf Novalis ausübte, ruht ohne Zweifel auf den Eigenheiten Tiecks, die der Verkehr mit Wackenroder in ihm erweckt hatte; Tieck selber aber fand in Novalis viel von dem wieder, was er durch Wackenroders Tod verloren hatte, verstand aber auch, anpassungs- und wandlungsfähig Novalis von der Seite zu nehmen, von der er seinerzeit Wackenroder gewonnen hatte, von der Seite des Gemüts. Als Gemütsmensch mit geringer Neigung zu Selbstanalyse und „intellektueller Anschauung" in Fichtes Sinne fühlte Wackenroder auch unter allen Frühromantikern dem Sturm und Drang sich am nächsten verwandt; und darum konnte er, verbunden mit Tieck, die Lieblingsideen weiterleiten, in denen die Stürmer und Dränger mit den Romantikern übereinkamen, zunächst das Interesse für altdeutsches Wesen, altdeutsche Kunst und altdeutsche Dichtung.

Er ist der Schüler Hamanns und Herders und teilt mit seinen Lehrern die Fähigkeit, individuelle Schönheit nachzufühlen, vor allem die nationale Individualität in ihrer künstlerischen Ausprägung zu verstehen und zu würdigen. Nicht einseitige Verherrlichung der eigenen Scholle, sondern der ernste Wille und die Begabung allseitiger Einfühlung ist Wackenroder wie Herder eigen. In den „Herzensergießungen eines kunstliebenden Klosterbruders" (1797, S. 106 f.) heißt es: „Uns, Söhnen dieses Jahrhunderts, ist der Vorzug zuteil geworden, daß wir auf dem Gipfel eines hohen Berges stehen, und daß viele Länder und viele Zeiten unsern Augen offenbar, um uns herum und zu unseren Füßen ausgebreitet liegen. So lasset uns denn dieses Glück benutzen und mit heitern Blicken über alle Zeiten und Völker umherschweifen und uns bestreben, an allen ihren mannigfaltigen Empfindungen und Werken der Empfindung immer das Menschliche herauszufühlen."

Zum Verständnis älterer deutscher Literatur wurde Wackenroder von seinem Lehrer Erduin Julius Koch geführt. Schon Anfang Dezember 1792 gestand er dem Freunde Tieck: „Da hab' ich denn manche sehr interessante Bekanntschaft mit altdeutschen Dichtern gemacht und gesehn, daß dies Studium, mit einigem Geist betrieben, sehr viel Anziehendes hat." Tieck antwortete (28. Dezember) wenig ermutigend, mit dem gleichen Einwand, den Schiller später der von Tieck besorgten Sammlung der Minnelieder entgegenhielt; er beklagte die „erstaunliche Einförmigkeit" der Minnesänger. Wackenroder indes ließ sich nicht beirren; wirklich wurde im Sommersemester 1793, das beide Freunde zu Erlangen verbrachten, Tieck zu altdeutschen Studien bekehrt, die sich zunächst den Volksbüchern zuwandten. Wackenroder schritt inzwischen von altdeutscher Dichtung zu altdeutscher Kunst weiter; neu erwachte in ihm die Liebe, die einst in und nach Straßburg den jungen Goethe zum Bewunderer Erwins von Steinbach und Dürers gemacht hatte. „Nicht bloß unter italienischem Himmel, unter majestätischen Kuppeln und korinthischen Säulen — auch unter Spitzgewölben, krausverzierten Gebäuden und gotischen Türmen wächst wahre Kunst hervor", erklären die „Herzensergießungen" (S. 129). Von gleichen Erwägungen aus hatte Heinse sich den Weg zu Rubens gebahnt.

Liebevoll in die Kunst deutschen Altertums, zunächst in die Malerei Dürers eindringend, schuf sich Wackenroder ein gewiß idealisiertes, aber doch stark gefühltes und von mächtiger Stimmung getragenes Bild deutscher Vergangenheit. „Als Albrecht den Pinsel führte, da war der Deutsche auf dem Völkerschauplatz unsers Weltteils noch ein eigentümlicher und ausgezeichneter Charakter von festem Bestand; und seinen Bildern ist nicht nur in Gesichtsbildung und im ganzen Äußeren, sondern auch im inneren Geiste dieses ernsthafte, grade und kräftige Wesen des deutschen Charakters treu und deutlich eingeprägt" (S. 121 f.). Das ist die Stimmung, aus der heraus in Hardenbergs Aufsatz „Die Christenheit oder Europa" das deutsche Wesen alter Zeit gesehen ist, dann im „Ofterdingen" und in Jugenddichtungen Tiecks. Diese Stimmung kehrt später noch in höchster künstlerischer Form wieder, wenn Moritz v. Schwind sein „Märchen von den sieben Raben" oder seine „Schöne Melusine" schafft oder die Fresken aus dem Leben der heiligen Elisabeth auf der Wartburg. Da klingt und singt es wirklich wie aus einer fernen schönen Welt. Es ist nicht das wahre Mittelalter, sondern ein eingebildetes; aber es ist etwas anderes als das „Mittelalter der Ritterdramen und Ritterromane mit seinen physiognomielosen, verschwommenen Personen und seinen einförmig biederen Gesinnungen" (W. Scherer, Jakob Grimm. 2. Aufl. S. 60 f.). Denn die feine Seele Wackenroders lieh diesem deutschen Mittelalter einen Schimmer, der den derberen Händen der Ritterdramatiker, selbst eines Maler Müller, nicht gegönnt war. Wichtiger noch ist, daß Wackenroders verschönendes Auge auch die Schlegel und Novalis lehrte, Mittelalter und Deutschtum in diese Stimmung zu tauchen.

Denn ehe Wackenroder durch Tiecks Vermittlung auf Hardenberg wirkt, ist von einer Verklärung deutschen Mittelalters bei den Jenaer Genossen nichts zu spüren. Wohl besteht von Anfang an ein starkes Bewußtsein deutscher Kraft. Doch das 38. Lyceumfragment Fr. Schlegels lautet: „An dem Urbilde der Deutschheit, welches einige große vaterländische Erfinder aufgestellt haben, läßt sich nichts tadeln als die falsche Stellung. Diese Deutschheit liegt nicht h i n t e r uns, sondern v o r uns."

Noch in die „Ideen" (Nr. 135) iſt Wackenroders Glaubensbekenntnis nur zum Teil übergegangen. Da herrſcht die Auffaſſung von deutſcher Größe, deutſcher Art und Kunſt, die auch in den Jugendbriefen Friedrichs an Wilhelm ſich offenbart: nicht das Germaniſche wird betont, nicht Klopſtocks Teutonismus gepredigt, ſondern den Schöpfern der neueren deutſchen Kultur gehuldigt. Dabei macht ſich die Anſicht geltend, die Novalis gern vertritt: Deutſchland iſt im Begriff, die geiſtige Führung Europas an ſich zu nehmen. Um 1800 bekennt ſich auch Schiller zu dieſem Glauben und möchte Deutſchlands Größe feiern. „Der Deutſche", ſagt Novalis einmal (2, 124), „iſt lange das Hänschen geweſen. Er dürfte aber wohl bald der Hans aller Hänſe werden. Es geht ihm, wie es vielen dummen Kindern gehn ſoll: er wird leben und klug ſein, wenn ſeine frühklugen Geſchwiſter längſt vermodert ſind und er nun allein Herr im Hauſe iſt." Fr. Schlegel und Novalis ſind durchaus nicht darauf aus, den Deutſchen zu idealiſieren. Den Unterſchied, der zwiſchen ihnen und Wackenroder auch noch zu der Zeit beſtand, da das „Athenäum" zu Ende ging, bezeichnet die 120. Idee: „Der Geiſt unſrer alten Helden deutſcher Kunſt und Wiſſenſchaft muß der unſrige bleiben, ſolange wir Deutſche bleiben. Der deutſche Künſtler hat keinen Charakter oder den eines Albrecht Dürer, Kepler, Hans Sachs, eines Luther und Jakob Böhme. Rechtlich, treuherzig, gründlich, genau und tiefſinnig iſt dieſer Charakter, dabei unſchuldig und etwas ungeſchickt. Nur bei den Deutſchen iſt es eine Nationaleigenheit, die Kunſt und die Wiſſenſchaft bloß um der Kunſt und der Wiſſenſchaft willen göttlich zu verehren." Noch ruht der Blick zu ſcharf auf den Dingen, um Wackenroders Idealiſierung zuzulaſſen. Aus gleichem Geſichtspunkte iſt Fr. Schlegels Mahngedicht „An die Deutſchen" (Athenäum 3, 165 ff.) geſehen. Dagegen atmen ſeine beiden Sänge „Bei der Wartburg" und „Am Rheine" von 1802 (Europa 1, 1, 8 und 15) ſchon die ganze Stimmung Wackenroders und des „Oſterdingen".

Aus dieſer Stimmung wird die romantiſche Germaniſtik geboren. Wackenroders Freund Tieck geht voran. Während Fr. Schlegel um 1800 ſich noch wenig um altdeutſche Literatur kümmert, Wilhelm allerdings ſchon einige Kenntnis verrät und da und dort ein bedeutſames Wort über altdeutſche Poeſie einſchiebt,

Hardenberg aber durch Wilhelm die (übrigens von ihm nicht verwertete) Literatur über Heinrich von Ofterdingen sich nach= weisen läßt, tritt 1803 Tieck als erster mit einer Sammlung mittelhochdeutscher Poesie hervor, mit seinen „Minneliedern aus dem Schwäbischen. Zeitalter“. Mag die halbschürige Übertragung ins Neuhochdeutsche vielen unerträglich sein, sicher bleibt die Vorrede (Kritische Schriften 1, 185 ff.) der erste Versuch und ein sehr erfolgreicher obendrein, die Dichtung des deutschen Mittelalters in den Rahmen der romantischen Poesie charakteri= sierend einzuordnen. Jakob Grimm wurde von der Skizze Tiecks tief ergriffen. Nicht das Wissen Tiecks, nicht seine kühnen und mitunter ganz glücklichen Zusammenfassungen, auch nicht eine Bemerkung über den Verfasser des Nibelungenliedes, die Lach= manns Forschungen vorwegnahm, nicht diese Einzelheiten mögen auf Grimm überwältigend gewirkt haben; vielmehr die Gesamt= anschauung des deutschen Mittelalters, die durchaus im Geiste Wackenroders und Hardenbergs gehalten ist. Für Tieck ist das Mittelalter eine Zeit, die durch einen besonders innigen, empfäng= licher und vielumfassenden Sinn für Poesie ausgezeichnet war. „Der Ritterstand verband damals alle Nationen in Europa, die Ritter reisten aus dem fernsten Norden bis nach Spanien und Italien, die Kreuzzüge machten diesen Bund noch enger und ver= anlaßten ein wunderbares Verhältnis zwischen dem Orient und dem Abendlande; vom Norden sowie vom Morgen her kamen Sagen, die sich mit den einheimischen vermischten, große Kriegs= begebenheiten, prächtige Hofhaltungen, Fürsten und Kaiser, welche der Dichtkunst gewogen waren, eine triumphierende Kirche, die Helden kanonisierte, alle diese günstigen Umstände vereinigten sich, um dem freien unabhängigen Adel und den wohlhabenden Bürgern ein glänzendes Leben zu erschaffen, in welchem sich die erwachte Sehnsucht ungezwungen und freiwillig mit der Poesie vermählte, um klarer und reiner die umgebende Wirklichkeit in ihr abgespiegelt zu erkennen. Gläubige sangen vom Glauben und seinen Wundern, Liebende von der Liebe, Ritter beschrieben ritter= liche Taten und Kämpfe, und liebende, gläubige Ritter waren ihre vorzüglichsten Zuhörer“ (1, 195 f.).

Die starke Idealisierung des Mittelalters, die Tieck vornimmt, wird um einige Grade von Wilhelm Schlegel in seinen Berliner

Vorlesungen von 1803/4 herabgestimmt. Auch er möchte die altdeutsche Dichtung in den Rahmen der romantischen Poesie ein-
fügen; unzweifelhaft hat er sehr viel von Tiecks Vorrede gelernt.
Besonders aber sucht er das „wunderbare Verhältnis zwischen
dem Orient und dem Abendlande" des näheren zu beschreiben
und zu ergründen; die neuen Errungenschaften Fr. Schlegels leihen ihm die Mittel, den Orient näher zu erfassen. Den romantischen Geist des deutschen Mittelalters, den „ritterlichen Geist",
wie Schlegel ihn nennt, diese „mehr als glänzende, wahrhaft ent-
zückende und bisher in der Geschichte beispiellose Erscheinung"
(3, 89) leitet er geradezu aus der „Kombination der kernigten
und redlichen Tapferkeit des deutschen Nordens mit dem Christentum, diesem religiösen orientalischen Idealismus" ab. Knapper
und zugleich mit weiterem Umblick vertrat W. Schlegel gleiches
1808 in der ersten der Wiener Vorlesungen über dramatische
Kunst und Literatur. Diesmal schritt er zu einem kulturhistorischen Aufbau weiter, der nicht nur den „ritterlichen Geist" auf
eine echt romantische Formel bringt, sondern von der Verbindung
des nordischen und christlichen Wesens die Eigenheiten des Romantischen überhaupt ableitet und von diesem Gesichtspunkte aus
die Antithese klassisch und romantisch ganz neu formt. Bei den
Griechen war die menschliche Natur selbstgenügsam, sie ahnte
keinen Mangel und strebte nach keiner Vollkommenheit, die sie
durch eigene Kraft nicht erreichen konnte. In der christlichen
Ansicht hat die Anschauung des Unendlichen das Endliche ver-
nichtet. „Das Leben ist zur Schattenwelt und zur Nacht geworden, und erst jenseits geht der ewige Tag des wesentlichen
Daseins auf" (S. 16). Diese Religion macht deutlich, daß wir
nach einer hier unerreichbaren Glückseligkeit trachten, daß kein
äußerer Gegenstand jemals unsere Seele ganz wird erfüllen
können. So entstehen Lieder der Schwermut, wenn die Seele
ihr Verlangen nach der fremd gewordenen Heimat ausatmet.
„Die Poesie der Alten war die des Besitzes, die unsrige ist die
der Sehnsucht; jene steht fest auf dem Boden der Gegenwart.
diese wiegt sich zwischen Erinnerung und Ahndung." Melancholie
ist mithin das Wesen der nordischen Poesie.

Auf lange Zeit hinaus bindend ist diese Auffassung der germanischen Poesie geblieben. Noch wenn Richard Heinzel und Wil-

helm Scherer das Wesen und den Stil der germanischen Dichtung
ergründen wollen, klingt W. Schlegels Anschauung von der mittelalterlichen Sehnsuchtspoesie an. Auf die jungromantische Dichtung hat sie stark gewirkt. Wilhelm Worringer (Formprobleme
der Gotik, 2. Aufl. 1912) erhebt eine verwandte Stimmung zur
Voraussetzung germanischer Kunst.

Die Freunde des germanischen Altertums am Anfang des
19. Jahrhunderts spinnen indes vor allem den Faden Wackenroders und Hardenbergs weiter, die Lehre von der „kernigten
und redlichen Tapferkeit des deutschen Nordens"; sie idealisieren
das deutsche Mittelalter. Voran gehen die Heidelberger und unter
ihnen zunächst Görres. Doch sie fühlen sich noch von einer neuen
Strömung getragen, wenn sie das germanische Wesen feiern: sie
sind national und Freunde des deutschen Volkes geworden.

Die Germanistik endlich ließ sich von W. Schlegels Berliner
Vorlesungen ebenso anregen wie von Tiecks Minneliedern. Fr.
H. v. d. Hagen war W. Schlegels Zuhörer und bekannte gerne
seine Dankesschuld.[1])

Tiecks Interesse für katholische Kunst und Dichtung bringt die
Romantiker auch mit den spanischen Dichtern in Fühlung. Tieck
erobert ihnen den größten Dichter des Katholizismus, Calderon. Calderon tritt im romantischen Bewußtsein als Neben-
buhler neben Shakespeare.

Shakespeare steht für die Schlegel von Anfang an im
Vordergrund; Tieck war unabhängig von den Schlegel an ihn
herangekommen. Schon 1796 bot er seine Bearbeitung von Shakespeares „Sturm" und fügte eine „Abhandlung über Shakespeares
Behandlung des Wunderbaren" hinzu. Ohne den Verfasser zu
kennen, sprach W. Schlegel in der Jenaischen Allgemeinen Literaturzeitung (Werke 11, 16 ff.) seinen bedingten Beifall aus. Wie
dann die gemeinsame Arbeit der Genossen zu neuen Erkenntnissen
führt, wie an Shakespeare die romantische Theorie der Poesie
erwächst und jede neue theoretische Errungenschaft Shakespeare
zugute kommt, entwickeln Marie Joachimi-Deges „Deutsche Sha-
kespeare-Probleme im 18. Jahrhundert und im Zeitalter der Romantik" (1907).

---

1) Vgl. J. Körner, Nibelungenforschungen der deutschen Romantik, 1911.

Leider hat weder Tieck ein geplantes umfangreiches Werk über Shakespeare ausgeführt, noch W. Schlegel in selbständiger Darstellung zusammengefaßt, was er und seine Gefährten an Shakespeare erkannt und in ihm gefunden hatten. So bleibt die Krone frühromantischer Shakespearearbeit das Bruchstück einer Übertragung seiner Dramen, das W. Schlegel mit Carolinens Hilfe 1797—1810 Deutschland schenkte, auch heute noch die beste deutsche Übersetzung eines ausländischen Klassikers. W. Schlegel ist der außerordentliche Erfolg zugefallen, Shakespeare in seiner Verdeutschung zum deutschen Klassiker zu stempeln. Shakespeares Verse in Schlegels Übertragung sind uns so geläufig und werden genau so häufig und so gewohnheitsmäßig im täglichen Leben angeführt wie die Verse Goethes und Schillers. Die Ergänzung von Schlegels Übertragung, durch Tiecks Tochter Dorothea und Graf Wolf Baudissin besorgt und unter Ludwig Tiecks Namen 1825—1833 zum erstenmal gedruckt, ruft energischer nach einem neuen Übersetzer und konnte nur, weil sie von Schlegels Meisterleistung getragen wurde, dauernden Erfolg erringen.[1]

Indes auch W. Schlegel war nie wieder als Übersetzer gleich erfolgreich. Sein Dante wurde leider nie zu Ende geführt. Sein „Spanisches Theater" (1803/9) legte zwar die ersten korrekten Übertragungen Calderons vor und brach der Wirkung Calderons auf deutsche Dichtung die Bahn. Doch wurde Calderon, auch nachdem andere, wie J. D. Gries, weitere Stücke übertragen hatten, niemals der deutschen Welt so geläufig wie Schlegels Shakespeare. Deutlich läßt diese gegensätzliche Wirkung verspüren, daß die Übersetzung Shakespeares durch Schlegel nur den Abschluß einer deutschen Kulturleistung bedeutet, die um die Mitte des 18. Jahrhunderts mit J. E. Schlegel und Lessing einsetzt und an der fast alle großen Vertreter deutschen Geisteslebens der zweiten Hälfte des Jahrhunderts beteiligt sind, während die Entdeckung Calderons weit jüngeren Datums, im wesentlichen romantisches Verdienst ist. Tieck bahnte den Weg. Tiecks spanische Studien begannen 1793. Er nahm sie 1797 wieder auf, um Cervantes' „Don Quixote" zu übertragen. Die Arbeit erschien 1799—1801

---

1) Vgl. F. Gundolf, Shakespeare und der deutsche Geist, 1911; vgl. Jahrbuch der Deutschen Shakespeare-Gesellschaft 48, 259 ff.

und lieferte Fr. Schlegel neues Material zur Ergründung der
romantischen Poesie, zunächst im „Gespräch über die Poesie". Von
Cervantes schritt Tieck weiter zum Drama und zur Lyrik Spaniens,
ebenso wie er, um Shakespeare besser zu würdigen, dessen Zeit=
genossen, Vorläufer und Nachfolger studierte. Nun eröffneten
sich ihm „die entzückenden Träume des Calderon und die wunder=
samen Bilder der spanischen Poeten" (Schriften 6, S. XVIII f.).
Später deutete er auf den Gegensatz hin, den er zwischen Shake=
speare und Calderon walten sah: Calderon steht der Antike näher.
„In Form und Anwendung der drei dichterischen Elemente"
kann er mit den Alten verglichen werden. „Welche lyrische
Ausbrüche der Leidenschaft, der Liebe, der Andacht in seinen
Romanzen und kanzonenartigen Versen. Welche Malerei, wel=
ches Feuer in eben diesen Lyren, Romanzen und Ottaven. Kein
Schauspiel, fast kein Akt ist ohne solche Prachtstücke, diese ge=
hören recht eigentlich zum Wesen des spanischen Drama" (Kri=
tische Schriften 2, 194 f.). Tiecks Aufsatz „Das deutsche Drama"
(ebendu 4, 183 ff.) geht noch weiter: die englische und die spa=
nische Bühne seien völlig entgegengesetzt. Tieck war inzwischen von
der Überschätzung Calderons abgekommen, weil er in der Schicksals=
tragödie eine schlimme Frucht der Bewunderung spanischer Dra=
matik erkannt hatte (S. 211 ff.).

Wie fern Fr. Schlegel noch im „Gespräch über die Poesie"
Calderon steht, beweist die Ergänzung, die er hier 1823 Cal=
deron zuliebe vornahm. Ursprünglich hieß es da: „In der
Poesie .... gab es zwar vom Lope de Vega bis zum Gozzi
manche schätzbare Virtuosen, aber doch keine Poeten und auch
jene nur für die Bühne" (2, 352). Nun wurde der völlig gegen=
teilige Satz eingefügt: „Die einzige, glänzende Ausnahme bildet
Calderon, der spanische Shakespeare, als wahrer Künstler und
großer Dichter, der aus der chaotischen Fülle der spanischen
Schauspiele, durch die Tiefe der Phantasie sowie durch die klare
Form, ganz abgesondert und einzig in seiner Vollendung hervor=
tritt" (Werke 6, 246 f.). Noch in Fr. Schlegels Wiener Vorle=
sungen von 1812 sind die Momente, die gegen Calderon sprechen,
stark betont (2, 132 ff.). Und abermals wird 1822 ein ganzer
Absatz (Werke 2, 127 f.) eingefügt, der nicht nur Calderon mit
Shakespeare und Dante auf eine Stufe stellt; hier heißt es auch:

„Im Calderon, als dem letzten Nachklange wie im strahlenden Abendrot des katholischen Mittelalters, hat eben jene Wieder= geburt und christliche Verklärung der Phantasie, welche den Geist und die Poesie desselben überhaupt charakterisiert, den vollen Gipfel ihrer Verherrlichung erreicht."

Weit schneller folgte W. Schlegel dem Hinweise Tiecks. Schon 1803 begann er seine Übertragung Calderons zu veröffentlichen. Gleichzeitig brachte die „Europa" eine Art Selbstanzeige, den Auf= satz „Über das spanische Theater" (1, 2, 72 ff.). Schon diese erste ausführliche romantische Äußerung über das spanische Drama setzt Calderon hcch über Lope: ein ebenso fruchtbarer Kopf, eben= so fleißiger Schriftsteller wird Calderon genannt, aber auch „ein ganz anderer Dichter, ein Dichter, wenn es je einen gegeben hat" (S. 79). Im 3. Zyklus der Berliner Vorlesungen konnte W. Schlegel sich schon auf seine Übertragung beziehen; doch bereits im ersten (1, 110) hatte er erklärt: „Calderon kann uns als Beispiel eines von dem Shakespeareschen ganz verschiednen, jedoch ebenso vollendeten Stiles im romantischen Drama dienen." Die Wiener Vorlesungen (6, 384 ff.) hatten den stolzen Worten des Aufsatzes der „Europa" nur noch wenig hinzuzufügen.[1]

2. Romantische Malerei in Theorie und Praxis.

Wackenroders Verständnis für Individualität eröffnete ihm nicht nur den Weg zu Dürer, auch zu der italienischen Malerei der Zeit vor Raffael. Hier galt es nicht, deutsches Wesen zu begreifen, überhaupt weniger zu belehren als abzuwehren. Der Kampf gegen die Einseitigkeit der Klassizisten war ja längst vor Wackenroder aufgenommen worden. Herder, der junge Goethe, Heinse waren ihm vorangegangen. Aber die Lehre Winckelmanns von der alleinseligmachenden Schönheit griechischer Kunst hatte immer wieder neue Anhänger gefunden; Goethe neigte ihr auch schon vor der Veröffentlichung der „Propyläen" (1798—1800) stärker zu, als die Welt wissen konnte. Wackenroder fragt ähn= lich wie Heinse: „Warum verdammt ihr den Indianer nicht, daß

---

1) Vgl. E. Münnig, Calderón und die ältere deutsche Romantik, 1912; J.=J. A. Bertrand, Cervantes et le Romantisme allemand, 1914; G. Richert, Die Anfänge der romanischen Philologie und die deutsche Ro= mantik, 1914.

er indianisch und nicht unsere Sprache redet? — Und doch wollt ihr das Mittelalter verdammen, daß es nicht solche Tempel baute wie Griechenland?" (S. 102).

W. Schlegels Anzeige der „Herzensergießungen" (10, 363 ff.) machte sich das Programm, der Kunst aller Zeiten gerecht zu werden, sofort zu eigen. Auf dem Felde der bildenden Kunst besser geschult als sein Bruder, vertrat Wilhelm im „Athenäum" die neue, von Wackenroder angeregte Anschauung. Im 2. Bande (1799) setzt das Gespräch „Die Gemälde" die Theorie Wacken= roders in Praxis um und wird zu einem Lobeshymnus auf die italienischen Meisterwerke der Dresdner Galerie, aber auch auf eine ganze Reihe neuerer Gemälde anderer Nationen. Nur Rubens stößt auf Zweifel. Der Ruf der Sistina Raffaels ist im wesent= lichen durch diese romantische Kundgebung bedingt; Holbeins Madonna ist nicht beiseite gelassen. Der ganze Dialog geht auf gemeinsame Betrachtung zurück, die im Jahre 1798 die Frühro= mantiker, damals in Dresden fast vollzählig versammelt, in immer wiederholter Wanderung durch die Galerie versucht hatten. Die Gemäldebeschreibungen und die Äußerungen über Raffael sind Eigentum Carolinens. Wilhelm wetteifert mit ihr in dichterischer Form: er kleidet typische Motive der modernen Malerei, zu= nächst die von der katholischen Mythologie gegebenen Gegenstände, in Sonette.

In den Berliner Vorlesungen erreicht W. Schlegels kunstge= schichtliche und kunstcharakterisierende Arbeit ihre Höhe. Die ge= schichtliche Wertung, für die Wackenroder so gefühlswarm sich ein= gesetzt hatte, siegt auf der ganzen Linie. Einer Beobachtung von Hemsterhuis folgend, stellt W. Schlegel fest, alle moderne Kunst neige zum Pittoresken, alle antike zum Plastischen (1, 156 f.). Darum entspreche es der Gegenwart, die Malerei auf Kosten der Plastik zu pflegen, nicht — wie Winckelmann und seine Nach= folger es wünschten — der Plastik allein zu dienen und ihre Ge= setze der Malerei aufzulegen. Goethe, sonst auf saubere Trennung der Kunstarten bedacht, war durch seine Vorliebe für antike Kunst mehr und mehr auf die Wege Winckelmanns und dadurch zu An= forderungen gekommen, die den Maler zu bildhauerischer Be= handlungsweise drängten. Die Romantiker hielten sich von glei= chen Unfolgerichtigkeiten frei; wie Herder wandten sie ihr Augen=

merk auf die individuellen Eigenheiten der Künste und verwahrten
sich dagegen, der neueren Zeit antike Neigungen einzuimpfen.
Sie kamen freilich dadurch in Gegensatz zu dem „sächsisch-weima-
rischen Heidentum", und dieser Gegensatz steigerte sich, je mehr
die Romantiker für die katholischen Motive der modernen Malerei nicht nur aus künstlerischen, sondern auch aus konfessio-
nellen Gründen Partei nahmen. Fr. Schlegel ging da führend
voran.

Ganz undogmatisch hatte Wackenroder auch den Katholizismus teilhaft werden lassen seines geschichtlich-individualistischen
Verständnisses. Auch der Katholizismus sei Christentum! Freilich war ihm die Religion der Maler früherer Zeit mehr als eine
historische Tatsache. Er suchte die Rolle zu bestimmen, die der
Religion in ihrem Lebensgefühl zufiel. Er war überzeugt, daß
den alten deutschen Künstlern ihre Kunst ein geheimnisvolles
Sinnbild ihres Lebens gewesen sei. „Ja, beides, ihre Kunst und
ihr Leben, war bei ihnen in ein Werk eines Gusses zusammen-
geschmolzen, und in dieser innigen, stärkenden Vereinigung ging
ihr Dasein einen desto festeren und sichereren Gang durch die
flüchtige, umgebende Welt hindurch" (Phantasien über die Kunst,
her. von J. Minor, S. 8). Der Glaube wurde ihm so zur Voraussetzung von Form und Gefühlsgehalt des Kunstwerkes.

Darum verlangten die „Herzensergießungen", daß Bildersäle
Tempel seien, wo man in stiller, schweigender Demut und in herz-
erhebender Einsamkeit die großen Künstler bewundert. Aber schwer-
lich Wackenroder, sondern wohl Tied legte einem „jungen deutschen
Maler" die Frage in den Mund: „Kannst du ein hohes Bild recht verstehen und mit heiliger Andacht es betrachten, ohne in diesem Momente die Darstellung zu glauben?" (S. 192). Der Fragesteller läßt
sich wie Schillers Mortimer durch den Zauber des katholischen Kultus zu Rom in die Arme der katholischen Kirche führen. W. Schlegel sah sich veranlaßt (10, 365 f.), Tied und Wackenroder gegen den
Vorwurf zu schützen, ihre Kunstliebe habe eine Tendenz zum
Katholizismus. Die Gedichte, die W. Schlegel selber in das Ge-
mäldegespräch einfügte, erwecken allerdings nicht den Eindruck,
als ob ihm die katholische Denkart ganz fremd sei. Der Anemp-
finder pries katholische Kunst so rückhaltlos, daß er nachmals
mit der Wendung, es sei nur prédilection d'artiste für das Künst-

lerische des Stoffgebietes gewesen, sich entschuldigen zu müssen
glaubte. Tieck wurde alsbald zum Vorkämpfer katholischer Kunst
und formte das Epigramm: „Der Protestant protestiert ja gegen alles
Gute und besonders gegen die Poesie" (10, 275). Novalis' Aufsatz
„Die Christenheit oder Europa" gewinnt hier von allen Seiten Stützen.

Fr. Schlegels Beschäftigung mit der Malerei aber setzte in
einem Augenblick ein, da er dem Katholizismus und dem Übertritt schon näher und näher gekommen war. In seiner „Europa"
(1803—1805) und in seinem „Poetischen Taschenbuch" für das
Jahr 1806" sind Fr. Schlegels wichtigste Beiträge zur Charakteristik der bildenden Kunst enthalten. Er führt Wackenroders
Ideen weiter aus und wendet sie auf ein viel umfangreicheres
Material an. Er geht über die prédilection d'artiste hinaus und
prüft die Renaissancekunst weniger auf ihren künstlerischen als
auf ihren religiösen Gehalt. Darum ist ihm der „gottbegeisterte
reine Jüngling" Raffael lieber als der reife. Darum nennt er die
Malerei gern eine göttliche Kunst. Unverkennbares Verdienst hat
er um die Würdigung der altdeutschen Kunstwerke sich erworben,
die von den Boisserée gesammelt worden waren.[1]) Ihre Bewertung und ihre historische Eingliederung hat er auf lange Zeit hinaus bestimmt. Er vor allen hat Meister Stephan Locheners Kölner Dombild neben die Sistina gestellt; ganz im Stile Winckelmanns feierte er das Werk (Europa 2, 2, 135 f.). Freilich nahm
Schlegel später, da er doch noch strenger katholisch fühlen gelernt
hatte, von diesem hohen Lobe eher etwas zurück und bewies auch
dadurch, daß er nicht bloß aus religiösen Gründen so enthusiastisch
gewesen war. Die nazarenische Malerschule aber knüpfte an diese
Bekenntnisse Fr. Schlegels an; und von ihnen aus, mehr noch
als von Wackenroders Schriften, entwickelte sich das „neukatho-
lische Künstlerwesen", das „klosterbruderisierende, sternbaldisie-
rende Unwesen", wie Goethe es höhnisch nannte, bewußt, daß er
im Urteil der Zeitgenossen gegen die neue Richtung nicht aufkom-
men könne. Durfte doch Fr. Schlegel, nachdem er 1819 den Nazarenismus noch einmal sachlich verteidigt hatte, 1825 den Sieg
der Genossen verkündigen. Nunmehr freilich hatte sich seine Kunstanschauung so sehr verschoben, daß von allen Gesichtspunkten

---

1) E. Firmenich-Richartz, Sulpiz und Melchior Boisserée als Kunst-
sammler, 1916; vgl. Göttingische gelehrte Anzeigen 1918 S. 447 ff.

Wackenroders nur noch der eine herrschend übriggeblieben ist:
das innere Licht der Beseelung. Es galt jetzt in Friedrichs Auge
weit mehr als das bloße Talent der fruchtbaren Erfindung oder
der Magie der Farbe.

Die propagandistische Tätigkeit im Gefolge Wackenroders ver-
hinderte Fr. Schlegel, seine tiefste und grundsätzliche Kunstüber-
zeugung auf die bildende Kunst anzuwenden. Er überließ es
Schelling, der dem Nazarenismus im Innersten fremd gegenüber-
stand, den Maler zu organischem Schaffen zu erziehen und von
ihm zu verlangen, daß er das Ganze im Auge habe und das Einzelne danach entwerfe und ausführe. Schellings Rede „Über das
Verhältnis der bildenden Künste zur Natur" (1807) fand Goethes
volle Zustimmung; waren doch die Grundanschauungen, aus denen
Fr. Schlegels Theorie vom künstlerischen Organismus, vom Ganzen und von seinen Teilen und von der wechselseitigen Verknüpfung beider erwachsen war, von Goethe vorgetragen worden.
Goethe jedoch konnte auch mit dem romantischen Maler, der den
Gedanken Schellings in Theorie und Praxis auf seine Weise am
nächsten gekommen war, sich verständigen, mit Philipp Otto
R u n g e. Runge, der Schüler Jens Juels, war von ganz anderer
Seite zu gleichen Zielen weitergeschritten. Wie ein zweiter Schüler
Juels, Kaspar David Friedrich, lernte Runge von seinem Lehrer
die Umrisse der Landschaft im Lichte auflösen, die Landschaft
nicht weiter in festen Umrissen, überhaupt nicht in Gegenständen,
sondern als ein Ganzes von Farbentönen schauen. Wie fremd
und überraschend der Zeit und auch einem Romantiker Friedrichs Versuche waren, bezeugt eine Notiz von Kleist (Werke, her.
von Erich Schmidt, 4, 230 f.). Man hat Runge nachgerühmt,
daß er alle wesentlichen Gedanken der Malerei des 19. Jahrhunderts ahnend vorweggenommen habe. Wirklich ist er durch
sein Streben, Licht und Farbe in eindringlicher Betrachtung der
Natur wie Goethe neu zu erfassen, durch seine, mit Goethe und
der Romantik ihn verknüpfende Theorie organischer Gestaltung,
auch durch eine symbolische Ornamentik, die abermals auf Schelling hinwies, seiner Zeit vorangeeilt. Siegfried Krebs (Ph. O.
Runges Entwicklung unter dem Einflusse L. Tiecks, 1909) wies
allerdings nach, daß Runge, der Künstler, nicht aus den Lehren der
romantischen Theoretiker, sondern unmittelbar aus Böhme, auch

er angeregt durch Tieck, seine Gedanken von Organismus und Symbolik geschöpft habe. Von den romantischen Genossen standen Runge neben Tieck besonders die Heidelberger nahe. [1])

Nicht die künstlerischen Ideen Runges, sondern die stofflichen Sympathien Wackenroders bedingen die sogenannte romantische Malerei. Runges und Friedrichs Wirken bleibt ein Seitentrieb, der viel später nur zu vollem Gedeihen kam. Wie nahe an Goethe dieser Seitentrieb im Gegensatz zum Nazarenismus heranwuchs, bezeugen die auf Runge und Friedrich aufbauenden „Briefe über Landschaftsmalerei" des Dresdner Physiologen und Malers C. G. Carus von 1831 und 1833. [2])

Carus knüpfte die Theorie der Landschaftsmalerei oder, wie er es nannte, die Erdlebenbildkunst unmittelbar an Schellings Naturphilosophie und an den Begriff der Weltseele an. Er meinte, die Landschaft bekäme einen höheren und mächtigeren Sinn, wenn man in der weiten, großen Oberfläche des Planeten das lebende geistige Prinzip erkenne oder mindestens ahne. Dann verstehe man das geistige Band, das die Regungen und Umgestaltungen des äußeren Naturlebens an die Gefühlsschwankungen unseres Innern mit geheimer Gewalt feßle (vgl. seine Lebenserinnerungen und Denkwürdigkeiten 1, 181). Er suchte darum mit Friedrich ein seelisch erfaßtes Naturbild und in ihm zugleich eine Darstellung des Wechsels im Leben der Landschaft nach Jahreszeit und Stunde, nach Licht und Wetter. Nicht schöne und denkwürdige Gegenden sollten den Vorwurf bilden, sondern Stimmungslandschaften waren ihre Absicht. In den weiten pommerschen Ebenen war es Carus aufgegangen, daß ein Ruisdael nur von einer armen Natur, mit Eichen, Sand und Feld und Sumpf gebildet werden konnte, während die reiche Natur des Schweizerlandes lange Zeit auch nicht entfernt Ähnliches hervorgebracht habe (ebenda S. 261).

Sie hat es inzwischen nachgeholt. Carus und Friedrich stehen auch deshalb neuester Kunst weit näher als der Nazarenismus.

---

1) Ph. O. Runges Zeichnungen und Scherenschnitte in der Kunsthalle zu Hamburg. Mit einer Einleitung von G. Pauli, 1916.
2) Vgl. A. Pelzer, Goethe und die Ursprünge der neueren deutschen Landschaftsmalerei, 1907; H. v. Kleinmayr, Die deutsche Romantik und die Landschaftsmalerei, 1912.

5. Die Musik im romantischen Lichte. Die Lyrik und ihre Theorie.

Nicht nur zur Malerei wies Wackenroder den romantischen Genossen den Weg, auch zu der Kunstgattung, die gern zur romantischesten gestempelt wird, zur Musik. Einem Menschen von starkem und gegen Analyse sich wehrendem Gefühl mußte die Musik, und was sie in ihm anregte, Herzensoffenbarung sein.

Herder und Heinse scheinen ein gleich starkes Verhältnis zur Kunst gehabt zu haben. Wackenroder war Schüler Faschs und Reichardts, des Komponisten Goethescher Lieder und revolutionären Schriftstellers, dem die „Xenien" übel mitspielten. In Reichardts Hause, zu dem er bald in verwandtschaftliche Beziehungen trat, wurde Tieck mit Musik übersättigt. Wackenroder aber lernte hier nicht so sehr der Musik ihre Geheimnisse ablauschen als vielmehr diese Geheimnisse in unberührter Keuschheit bewahren. In den Aufsätzen der „Herzensergießungen" und der „Phantasien über die Kunst", in denen Wackenroder von Musik spricht, wehrt er sich ausdrücklich dagegen, Tonstücke in Worten zu erklären, „die reichere Sprache nach der ärmern abzumessen und in Worte aufzulösen, was Worte verachtet" (Phantasien S. 71). Und wie hat er es doch verstanden, die Stimmung alter choralmäßiger Kirchenmusik in Worte zu bannen (S. 64)! Doch Wackenroder meinte: „Wer das, was sich nur von innen heraus fühlen läßt, mit der Wünschelrute des untersuchenden Verstandes entdecken will, der wird ewig nur Gedanken über das Gefühl und nicht das Gefühl selber entdecken. . . . Wie jedes einzelne Kunstwerk nur durch dasselbe Gefühl, von dem es hervorgebracht ward, erfaßt und innerlich ergriffen werden kann, so kann auch das Gefühl überhaupt nur vom Gefühl erfaßt und ergriffen werden" (S. 70). Das Gefühl soll Gefühl bleiben, aber als Gefühl auch ganz zur Erfassung gelangen (vgl. oben S. 10). Denn als Gefühl enthält es einen Erkenntniswert, der bei begrifflicher Zergliederung verloren ginge. Wackenroder sucht zu verdeutlichen, was er meint: „Ein fließender Strom soll mir zum Bilde dienen. Keine menschliche Kunst vermag das Fließen eines mannigfaltigen Stroms, nach allen den tausend einzelnen, glatten und bergigten, stürzenden und schäumenden Wellen, mit Worten fürs Auge hinzuzeichnen, — die Sprache kann die Veränderungen nur dürftig zählen und nennen, nicht die aneinanderhängenden Verwandlungen der Tropfen uns sichtbar vorbilden. Und ebenso ist es mit dem geheimnisvollen Strome in den Tiefen des menschlichen Gemütes beschaffen, die Sprache zählt und nennt und beschreibt seine Verwandlungen in fremdem Stoff; — die Tonkunst strömt ihn uns selber vor. Sie greift beherzt in die geheimnisvolle Harfe, schlägt in der dunkeln Welt bestimmte dunkle Wunderzeichen in bestimmter Folge an, — und die Saiten unsres Herzens erklingen, und wir verstehen ihren Klang" (S. 71). Ohne irgendwelche philosophische Ansprüche zielt Wackenroder ebendahin, wo Schellings ästhetischer Idealismus und mit ihm die Ansicht Fr. Schlegels und Hardenbergs steht: Kunst und Philosophie wird aufs innigste verknüpft, das Kunstwerk zum Mittel der höheren Erkenntnis erhoben. [1]) Ja, Wackenroder berührt sich, über die Philosophie seiner Zeit hinauslangend, mit Schopenhauer, der seinerseits nur Schellings Glaubensbekenntnis weitertreibt. In künstlerischer Anschauung, in der ruhigen Betrachtung verwandelt sich jedes einzelne Ding in seine Idee, in seine ewige Form, in das Wesentliche und Bleibende, das ihm eignet. Die Kunst gewährt so die Anschauung der ewigen Ideen, deren volle Erfassung dem Denken nicht gegönnt ist. Allein unter den Künsten gibt die Musik nach Schopenhauer noch mehr als ein Abbild der Ideen. Die Musik könnte, auch wenn die Welt gar nicht wäre, doch bestehen. Sie ist „eine so unmittelbare Objektivation und Abbild des ganzen Willens, wie die Welt selbst es ist". „Deshalb eben ist die Wirkung der Musik so sehr viel mächtiger und eindringlicher, als die der anderen Künste: denn diese reden nur vom Schatten, sie aber vom Wesen" (Die Welt als Wille und Vorstellung, her. von E. Grisebach, 1, 340).

Die große Rolle, die im Leben, im Empfinden, im Denken, im Glauben, im Fühlen, im Dichten der Romantiker die Musik spielt[2]), hängt mit der Wackenroderschen, Schopenhauer ankündigenden Anschauung von Musik zusammen.

Tieck leitete aus den Voraussetzungen, die Wackenroder ihm

---

1) Vgl. Jahrbuch der Goethe-Gesellschaft 1, 3ff.
2) Vgl. W. Hilbert, Die Musikästhetik der Frühromantik, 1911; H. Goldschmidt, Die Musikästhetik des 18. Jahrhunderts und ihre Beziehungen zu seinem Kunstschaffen, 1915.

gab, ſeine Frage ab: „Iſt es nun nicht gleichgültig, ob der Menſch
in Inſtrumentestönen oder in ſogenannten Gedanken denkt?"
(Phantaſien S. 90). Dichteriſch geformt iſt dies in den oft gloſſierten
Verſen:

Liebe denkt in ſüßen Tönen,   Nur in Tönen mag ſie gern
Denn Gedanken ſtehn zu fern,   Alles was ſie will verſchönen.

Novalis geht weiter: „Erzählungen, ohne Zuſammenhang, jedoch mit Aſſoziation, wie Träume. Gedichte, bloß wohlklingend
und voll ſchöner Worte, aber auch ohne allen Sinn und Zuſammenhang — höchſtens einzelne Strophen verſtändlich — wie lauter
Bruchſtücke aus den verſchiedenartigſten Dingen" (2, 308). Be-
ſonders ſcheint ihm ſolche Form für das Märchen zu taugen; es
ſei „wie ein Traumbild, ohne Zuſammenhang, ein Enſemble wun-
derbarer Dinge und Begebenheiten, z. B. eine muſikaliſche Phan-
taſie. die harmoniſchen Folgen einer Äolsharfe, die Natur ſelbſt".
Tiecks „Sternbald" wirft einmal den Gedanken hin, man könnte
ſich ein Geſprächſtück von mancherlei Tönen ausſinnen (Minor
S. 284), und fragt ein andermal, warum eben Inhalt den Inhalt eines Gedichtes ausmachen ſolle (S. 344). Im „Sternbald"
ſucht dann das Wort mit der Muſik zu wetteifern, ſuchen Verſe
die Klangfarbe einzelner Inſtrumente wiederzugeben, den Schal-
meiklang, den Poſthornſchall, die Waldhornmelodie, das Alphorn.
Tiecks „Verkehrte Welt" treibt das Experiment weiter und ſetzt
an den Anfang eine Symphonie in Worten; die Zwiſchenakts-
muſik wird mit gleichen Mitteln beſtritten. Brentanos „Guſtav
Waſa" ahmt auch dieſen Scherz Tiecks nach. In der ſymphoniſchen
Ouvertüre der „Verkehrten Welt" aber heißt es unter der Über-
ſchrift „Violino Primo Solo": „Wie? Es wäre nicht erlaubt und
möglich, in Tönen zu denken und in Worten und Gedanken zu
muſizieren? O wie ſchlecht wäre es dann mit uns Künſtlern be-
ſtellt! Wie arme Sprache, wie ärmere Muſik!" (5, 286).

Tieck vertritt in den „Phantaſien" auch ſeine Lehre von der
Verwandtſchaft von Farbe und Muſik: „Zu jeder ſchönen Darſtellung mit Farben gibt es gewiß ein verbrüdertes Tonſtück, das
mit dem Gemälde gemeinſchaftlich nur eine Seele hat" (S. 45).
Mutig und unentwegt ſchritt er auf dieſer Bahn weiter und lieh
den Farben und Formen Töne, den Tönen Farbe. Im „Zerbino"
charakteriſiert die Flöte ſich ſelber: „Unſer Geiſt iſt himmelblau,

Führt dich in die blaue Ferne" (10, 291); grundsätzlich gilt hier
die Gütergemeinschaft der Sinne (10, 251):

> Die Farbe klingt, die Form ertönt, jedwede
> Hat nach der Form und Farbe Zung' und Rede.
>   Was neidisch sonst der Götter Schluß getrennet,
> Hat Göttin Phantasie allhier vereint,
> So daß der Klang hier seine Farbe kennet,
> Durch jedes Blatt die süße Stimme scheint,
> Sich Farbe, Duft, Gesang Geschwister nennet.
> Umschlungen all sind alle nur ein Freund,
> In sel'ger Poesie so fest verbündet,
> Daß jeder in dem Freund sich selber findet.

Die audition colorée, das Farbenhören, wird damit in den
Garten der romantischen Poesie eingeführt. Wie weit die romantische Mode der tönenden Farben und der leuchtenden Klänge bei
den einzelnen Romantikern auf tatsächlicher Doppelempfindung
beruht, wieweit sie nur einem Schlagwort nachläuft, ist sehr schwer
zu erkennen. Mit großem Feinsinn suchte Ottokar Fischer zu er-
weisen, daß Tieck (Zeitschrift für Ästhetik 2, 531) und daß E. T. A.
Hoffmann (Archiv f. d. Studium der neueren Sprachen 123, 1 ff.)
wirklich Anlage zur Doppelempfindung gehabt hätten. Freilich
sei Hoffmann durch Tieck angeregt, begnüge sich indes nicht,
die Formeln von Tiecks audition colorée einfach zu über-
nehmen, wie es die Mehrzahl der anderen Romantiker tue.

Klang- und Farbenerscheinungen spielen in der romantischen
Poesie überhaupt eine wichtige Rolle. Das Farbenempfinden
der Romantiker, das ihrem Stil einen besonderen Anstrich leiht,
maß W. Steinert (Schriften der literarhistorischen Gesellschaft
Bonn. Bd. 7, 1910) an dem nervösen und lebendigen Farbenempfinden Tiecks. Die Rolle, die in Hoffmanns Dichtung der Musik
zufällt, ergründete C. Schaeffer (Die Bedeutung des Musikalischen und Akustischen in Hoffmanns literarischem Schaffen, 1909).
Hoffmann darf ja als Sammelpunkt aller Typen romantischen
Musikgefühls gelten, mag er auch (wie E. Kroll, E. T. A. Hoffmanns musikalische Anschauungen, Königsberger Dissertation
1909, nachwies) in Fragen der musikalischen Fachlehre und in
seiner Stellung zu einzelnen Musikern den Grundsätzen klassischer
Musik folgen und nur da, wo er seelisch ausdeutet, ganz auf dem
Boden romantischer Kunstanschauung stehen. In Hoffmanns Bild-

lichkeit und in seiner Sprache tritt das Musikalische und Akustische
stark hervor, ebenso aber das Farbenspiel und noch mehr der Licht-
strahl. Den Klang mit Gesichtserscheinungen zu vergleichen, ist
ihm noch viel geläufiger als die Umsetzung des Geschauten in
einen Schallvorgang. Wandeln sich doch bei ihm Klänge sogar
in körperliche Wesen!

Wenn romantische Bildlichkeit überhaupt die klareren und deut-
licheren Gesichtserscheinungen durch die weit ungewisseren Ge-
hörsphänomene ersetzt, so geht dies auf die bewußte Neigung zurück, das Sinnlichere und Geläufigere durch einen Vergleich mit
dem Unsinnlicheren und Unbekannteren, das Bekannte und Gewöhnliche durch eine Zusammenstellung mit dem Fremden und
Wunderbaren aus der gemeinen Wirklichkeit herauszuheben und
dem Dargestellten dadurch Größe und Würde zu leihen (vgl. W.
Schlegels Berliner Vorlesungen 1, 290). Darum kann der Romantiker Sichtbares und Anschauliches durch verwandte Töne zu
deuten suchen. Er ist dazu um so mehr berechtigt, da er die Außenwelt wirklich musikalisch empfindet. Er hört besser und feiner als
andere; leise und dumpfe Geräusche tönen vernehmlicher an sein
Ohr. Deshalb wandeln sich ihm Gesichtswahrnehmungen in
Rhythmus, oder ein geistiger Vorgang nimmt für sein Ohr die
Melodie eines Musikstückes an, Gedankenverbindungen aber und
Gedankengegensätze erscheinen ihm wie symphonisch verbundene
Stimmen. Fr. Schlegels Besprechung von Goethes „Lehrjahren"
behandelt das Dichtwerk wie ein Tonstück. Er verteidigt Tiecks
„Sternbald" gegen Goethes Vorwurf, daß er nur „musikalische
Wanderungen" biete mit der lobenden Bemerkung, das Buch
wolle nichts sein als eine süße Musik von und für die Phantasie
(Caroline 1, 469). W. Schlegel sagt von den Liedern in Tiecks
„Volksmärchen": „Die Sprache hat sich gleichsam alles Körper-
lichen begeben und löst sich in einen geistigen Hauch auf. Die
Worte scheinen kaum ausgesprochen zu werden, so daß es fast noch
zarter wie Gesang lautet: wenigstens ist es die unmittelbarste
und unauflöslichste Verschmelzung von Laut und Seele, und doch
ziehn die wunderbaren Melodien nicht unverstanden vorüber"
(12, 34).

Das Unklare und Unscharfe der romantischen Metapher entstammt noch einer zweiten Veranlassung. Sie arbeitet mit der

„neuen Mythologie" der romantischen „Physik". Die Naturphilo=
sophie schenkt dem romantischen Bilderschatz eine Fülle von Sym=
bolen, deren tieferer Sinn uns ebenso dunkel ist, wie er der ro=
mantischen Generation geläufig war. Görres entwickelt einen er=
drückenden Reichtum von Bildlichkeit. Dauernd bemüht er sich,
geheimste geistige Zusammenhänge durch Zusammenhänge des
Naturlebens zu verdeutlichen. Ihm ist es mehr als eine Metapher,
er glaubt tatsächlich im naturphilosophischen Sinne neue Erkennt=
nis zu schaffen, wenn er Antike und moderne Welt wie Urgebirge
und Flözgebirge einander gegenüberstellt und den Gegensatz bis
ins kleinste ausbeutet. Görres' eigenwilliger Stil wurzelt in der
Tatsache, daß die stete Parallelisierung geistiger und physischer
Vorgänge für seine naturphilosophische Weltanschauung das Ge=
gebene und Selbstverständliche war. Wer in solche Anschauungs=
welt sich nicht hineindenken kann, glaubt nur Schwulst in Görres'
Schriften zu vernehmen (vgl. Euphorion 10, 792 ff.). Tatsächlich
galt es ihm, die neue Natursymbolik auszubauen. In dem Stre=
ben, die Metapher neu zu schaffen und aus dem Empfinden der
Zeit abzuleiten, trifft Görres mit Jean Paul, seinem stilistischen
Vorbilde, zusammen. Und von Jean Paul weist der Weg zu
Klopstock zurück, dessen „schimmernde" Gleichnisse romantische
Bildlichkeit ankündigen.

„Noch zarter wie Gesang, die unmittelbarste und unauflös=
lichste Verschmelzung von Laut und Seele" — so ist Tiecks Lyrik
gedacht. Das Lied soll wie Musik wirken, die Worte wetteifern
mit der Melodie, die Tonwirkung ist dem Dichter wichtiger als
die Formung des Gedanklichen und Stofflichen. Vor allem gilt
dies von der Lyrik seiner Jugend; und innerhalb dieser Gruppe
kommen die Lieder seiner „Magelone", dann die des „Stern=
bald" seinen Absichten am nächsten. Die Klangwirkung wird be=
dingt durch freie Gestaltung des Rhythmus; von Verszeile zu
Verszeile kann dieser wechseln oder aber auch von Strophe zu
Strophe. Solche feinfühlige Stimmungspoesie kann und will
ein einheitliches metrisches Schema nicht durch ein ganzes Ge=
dicht hindurch festhalten. Das Auf= und Abwogen der Stim=
mung, der romantisch=proteische Wechsel der Gefühlslage zeichnet
sich ab, wenn Strophen von verschiedenem Ethos zu einem
Liede sich verbinden. Daß Lyrik, die sich dem Gange des Innen=

lebens so weich anschmiegt, auch den Komponisten locken kann,
bezeugt Brahms' Vertonung der Lieder der „Magelone" (Opus 33).
Leidenschaft kann in dieser Form zur Geltung kommen, besser
noch taugt solche Form dazu, Bild an Bild zu reihen, wie es in ver-
schwimmenden Umrissen vor dem Auge des Dichters vorbeizieht.
Das Gedicht, das in der ersten Auflage des „Sternbald" den zweiten Band eröffnet, beweist dies. In 76 Zeilen, die zum über-
wiegenden Teile in vierzeilige Strophen geordnet sind, zum Teil
aber auch Absätze von fünf und sechs Zeilen bilden, „beweint"
nach seinem eigenen Kommentar der Dichter „in diesen Worten
seine weit entflohene Jugend, und seine Erinnerungen legen sich
als Töne und sanfte Bilder vor ihm hin". Die wechselnde Stimmung malt sich in dem Wechsel der rhythmischen Gebilde, die bei
freudiger Stimmung raschere Bewegung, bei trauriger ein läs-
sigeres Tempo annehmen. Die Stimmung selber aber erwächst aus
den Bildern, die der Phantasie des Dichters sich aufdrängen.
Hoffnungsvoll freudig setzt das Gedicht ein:

> Aus Wollen winken Hände,
> An jedem Finger rote Rosen,
> Sie winken dir mit schmeichlerischem Kosen,
> Du stehst und fragst: wohin der Weg sich wende?
>
> Da singen alle Frühlingslüfte,
> Da duften und klingen die Blumendüfte,
> Lieblich Rauschen geht das Tal entlang:
> Sei mutig, nicht bang.
>
> Siehst du des Mondes Schimmer,
> Der Quellen hüpfendes Geflimmer?
> In Wolken hoch die goldnen Hügel,
> Der Morgenröte himmelbreite Flügel?
>
> Dir entgegen ziehn so Glück als Liebe,
> Dich als Beute mit goldenen Netzen zu fahn,
> So leise lieblich, daß keine Ausflucht bliebe,
> Umzingeln sie dich, bald ist's um dich getan ...

Die Stimmung schlägt um; in düsteren Farben malt sich die Enttäuschung, die all den Jugendhoffnungen folgt:

> Es ist, als wenn die Quellen schwiegen,
> Ihm dünkt, als dunkle Schatten stiegen
> Und löschten des Waldes grüne Flammen,
> Es fallen die Blumen den Putz zusammen.

> Die freundlichen Blumen sind nun fort,
> Und Früchte stehn an selbigem Ort;
> Die Nachtigall versteckt die Gesänge im Wald,
> Nur Echo durch die Einsamkeit schallt ...

Eine schier gesetzlose Bilder- und Stimmungspoesie! Und doch verknüpft sich mit dem Streben, in freiestem Schweifen sich gehen zu lassen, der Wunsch, rhythmisch die Stimmung genauer und schärfer zu erfassen und wiederzugeben, als strengere Versgebilde es gestatten. Stärker noch als in andern dichterischen Versuchen der Romantik betätigt sich hier der Wille, die künstlerische Form von aller Geschlossenheit zu befreien und ihr Gesetz ausschließlich dem seelischen Gehalt zu entnehmen. Diese Lyrik glaubt gelegentlich in den formreichen Gebilden des Minnesangs ein Vorbild zu entdecken. Näher kommt sie den freien Rhythmen Klopstocks und Goethes. Wohl läßt sie den Schwung vermissen, den Klopstock und Goethe den freien Rhythmen einhauchen. Ferner legt sie sich die Fessel des Reimes auf; diese wird freilich 1805 und 1806 in den beiden Zyklen, die der italienischen Reise Tiecks entstammen, in den „Reisegedichten eines Kranken" und in der „Rückkehr des Genesenden" (Gedichte 1834, 3, 98 ff., 236 ff.), abgeworfen. Damit verschwindet ein Zug romantischer Lyrik, der der Klangmalerei und dem musikalischen Charakter bestens gedient hatte. Tieck selbst behauptet in der Vorrede zu den „Minneliedern" (Krit. Schriften 1, 199), den Reim bedinge „die Liebe zum Ton und Klang, das Gefühl, daß die ähnlich lautenden Worte in deutlicher oder geheimnisvoller Verwandtschaft stehen müssen, das Bestreben, die Poesie in Musik, in etwas Bestimmt-Unbestimmtes zu verwandeln". Die romantische Lyrik schwelgt daher gern im Reime, kann ihn nicht genug häufen, nicht oft genug wiederkehren lassen, gefällt sich sogar im Reimechospiel. Aus gleichen Gründen huldigt sie der Assonanz, die durch lange Versreihen durchgeführt und der Stimmungsmalerei noch weit stärker, zuweilen bis zur Geschmacklosigkeit (Tiecks „Die Zeichen im Walde", Gedichte 1, 22 ff.) dienstbar gemacht wird.

Die Bewertung, die dem Reime zuteil ward, lockte die Romantiker auch auf das Feld der romanischen metrischen Gebilde. Der erste Anstoß rührte von G. A. Bürger her, er legte seinem Schüler W. Schlegel die Übertragung und Verwertung des So-

netts nahe, des weiteren aber auch die Nachbildung romanischer
Poesie und ihrer Formenwelt. An sich war hier das Programm
einer formstrengen Lyrik gegeben, das von Tiecks musikalisch ver-
schwimmender Weichheit weit abwich. Wirklich sind größere Gegensätze als die Sonette und Stanzen des sauberen Reimers W.
Schlegel und die Sänge der „Magelone" oder des „Sternbald"
kaum zu denken. Dennoch konnte Tieck seiner musikalischen Lyrik
auch die romanischen Formen dienstbar machen. Kanzonen und
Ballaten kamen der romantischen Neigung, im Reimspiel eine
Bedeutung zu suchen, noch mehr entgegen. Denn die tiefere Bedeutung sowohl der Reim- und Assonanzbindungen wie der romantischen Strophengebilde zu entdecken, war ein Lieblingsgegen-
stand romantischen Scharfsinns. Abermals konnte da gezeigt werden, wie der Geist in der Form, das Unendliche im Endlichen sich
spiegelt. Eine Reim- und Assonanzsymbolik, eine Symbolik der
Strophenformen geht aus solchen Bestrebungen hervor. W. Schlegel übt sie früh aus, zunächst nur als Metriker und Philologe.
Seine Betrachtungen über Metrik (7, 155 ff.) erwägen 1794 schon
Probleme des seelischen Gehaltes des tönenden Sprachmaterials.
1795 folgen in den „Horen" die „Briefe über Poesie, Silbenmaß
und Sprache" (7, 98 ff.), 1798 erscheint im „Athenäum", gegen
Klopstock gewendet, „Der Wettstreit der Sprachen" (7, 197 ff.),
der den musikalischen Wert der Kultursprachen zu messen versucht.
In den Berliner Vorlesungen suchte W. Schlegel dann bei der
Charakteristik der italienischen Poesie (3, 186 ff.) das Ethos der
italienischen Strophenformen zu erfühlen, nicht ohne von Form-
symbolik in Tüftelei überzugreifen. Gleichzeitig erwog Tiecks
Schwager A. F. Bernhardi im zweiten Teil seiner „Sprachlehre"
(1803, S. 399 ff.) sowohl den tieferen Sinn von Alliteration, Assonanz und Reim wie auch die Klangfarbe und die symbolische Bedeutung italienischer und spanischer Strophen. Den Abschluß solcher romantischer Bemühung bedeutet Kaspar Poggels geistreiche
Schrift „Grundzüge einer Theorie des Reims und der Gleich-
klänge mit besonderer Rücksicht auf Goethe" (Münster 1836).

VI. Politische und gesellschaftliche Wandlung. Romantische Staatswissenschaft im Zeitalter der Befreiungskriege und der Reaktion.

Am Anfang des 19. Jahrhunderts scheint der eben noch reiche und volle Gedankenstrom der Romantik zu versiegen. Hardenbergs Tod (1801), Fr. Schlegels Übersiedlung nach Paris (1802), die Berliner Vorlesungen des Bruders und dessen Eintritt in den Kreis der Frau v. Staël, Tiecks Abreise nach Italien (1804). Schellings Verbindung mit Caroline und Berufung nach Würzburg (1803): all das bedeutet Abschluß und Auseinandergehen. Die Fäden werden einzeln weitergesponnen, man treibt diesen oder jenen Gedanken der romantischen Theorie vorwärts, aber die grundlegende spekulative Epoche der Romantik ist im wesentlichen vorbei. Nur ein ganz neues Element, das sich unversehens in überraschender Macht entfaltete, konnte eine so völlige Wandlung herbeiführen. Noch sind die Romantiker lange nicht so abgenützt, daß sie bloß versagen, ohne für die Gedankenbildung, die sie aufgeben, sofort etwas anderes, Vorwärtsleitendes, Umstürzendes einzusetzen. Nicht Schwäche und Ermattung, sondern ein kühner Aufschwung tritt ein, ein Aufschwung freilich, der den Gesichtskreis der Romantiker ebenso nach der einen Richtung verengt, wie nach der anderen erweitert.

Das Neue ist das politische, nationale und gesellschaftliche Interesse. Die Romantiker beginnen gegen Napoleon Front zu machen, sie werden sich ihrer nationalen Eigenheiten nicht bloß im ästhetischen, sondern im politischen Sinne bewußt und sie fangen an, die Lehre von der Ausbildung des auserlesenen Individuums durch die Anerkennung der Bedeutung des Volkes, einer Gesamtheit also, zu ergänzen. Deutsches Volkstum wird fortan ihr Programm. 1810 veröffentlichte Turnvater Jahn ein Buch mit dem Titel „Das Deutsche Volkstum". Aber mehr als fünf Jahre reichen die Anregungen zurück; und sie kommen unmittelbar aus dem Lager der Romantik.

Merkwürdig rasch geht es bei den Brüdern Schlegel vom Weltbürgertum zur nationalen Politik weiter. In ihren Anfängen hatten sie kosmopolitisch sich für die französische Revolution interessiert. Noch 1796 schrieb Fr. Schlegel für die Zeitschrift „Deutschland" des „Sansculotten" Reichardt seinen „Versuch über den Begriff des Republikanismus". In abstrakter Gedankenfolge knüpfte er an Kants Wort an: „Die bürgerliche Verfassung in jedem Staate soll republikanisch sein" (Minor 2, 57), und führte es folgerichtig weiter aus. Dann aber ward völlige Abkehr von politischer Diskussion ein Schlagwort des „Athenäums": „Nicht in die politische Welt verschleudre du Glauben und Liebe, aber in der göttlichen Welt der Wissenschaft und der Kunst opfre dein Innerstes in den heiligen Feuerstrom ewiger Bildung" (106. Idee). 1798 erscheinen zwar im Juliheft der „Jahrbücher der preußischen Monarchie unter der Regierung Friedrich Wilhelms III." Fragmente Hardenbergs mit dem Titel „Glauben und Liebe oder der König und die Königin". Auch Fr. Schlegel fühlt sich gefesselt und schreibt an den Verfasser: „Weniges ehre ich so, und weniges hat so auf mich gewirkt" (Raich S. 129 f.). Der Republikanismus ist verschwunden, die kommende Staatstheorie der Romantiker kündigt sich an. Aber noch fehlte das völkisch-gesellschaftliche Empfinden. Die Königin Luise, nicht das deutsche Volk bannte Hardenbergs Dichterauge, wie sie das Auge Heinrich v. Kleists fesselte. Wohl hatten die „Ideen" das nationale Problem umschrieben, hatten Wackenroder und Novalis Interesse für althelmisches Wesen wachgerufen (vgl. S. 71 f., 81 ff.). Daß man trotzdem im Sinne der Zeit vaterländischem Empfinden noch fernstand, bezeugen feine Spottworte W. Schlegels über Klopstocks und seiner Jünger „fanatischen, von aller historischen Kenntnis des Charakters der Deutschen, ihrer jetzigen Lage und ihrer ehemaligen Taten entblößten Patriotismus" (Berl. Vorlesungen 3, 21 f.). Eher kündigt sich eine neue Zeit an, wenn W. Schlegel die Notwendigkeit des Krieges behauptet, für den „schon manche Philosophen ein Fürwort eingelegt" hätten (3, 93 ff.). Heißt es ja doch auch in den nachgelassenen Entwürfen zum „Ofterdingen": „Auf Erden ist der Krieg zu Hause. Krieg muß auf Erden sein" (4, 269).

Die Wendung trat in dem Augenblick ein, als Fr. Schlegel französischen Boden betrat. Die beiden Gedichte „Bei der Wartburg" und „Am Rheine", die er 1803 in den ersten Aufsatz der „Europa" (s. oben S. 83) aufnahm, feierten alte deutsche Ritterzeit nicht allein in dem verklärenden Sinne Wackenroders und

Hardenbergs; sie waren national aus dem Augenblick heraus-
gedacht. Der Rhein gemahnt Fr. Schlegel daran, was die Deutschen einst waren und was sie heute sein könnten (A S. **447** ff.).

Am 12. März 1806 erklärte auch W. Schlegel in seinem um-
fänglichen Bekenntnisbrief an Fouqué (8, 144 f.): die Dichter der
letzten Epoche hätten die bloß spielende, müßige, träumerische
Phantasie allzusehr zum herrschenden Bestandteil ihrer Dichtungen gemacht; Deutschland aber bedürfe im Augenblick einer durchaus nicht träumerischen, sondern wachen, unmittelbaren, ener-
gischen und besonders einer patriotischen Poesie. „Vielleicht sollte,
solange unsere nationale Selbständigkeit, ja die Fortdauer des
deutschen Namens so dringend bedroht wird, die Poesie bei uns
ganz der Beredsamkeit weichen." Und dabei wies W. Schlegel
auf die beiden Gedichte seines Bruders hin.

Öffentlich vertrat W. Schlegel 1807 diese Ansichten in der Besprechung von Rostorfs Dichtergarten (12, 206 ff.). Und abermals konnte
er auf Verse seines Bruders sich beziehen. Die ganze Sammlung
sei in deren Sinne gedacht:

> Den Heldenruhm, den sie zu spät jetzt achten,
> Des deutschen Namens in den lichten Zeiten,
> Als Rittermut der Andacht sich verbunden,
>
> Die alte Schönheit, eh' sie ganz verschwunden,
> Zu retten fern von allen Eitelkeiten,
> Das sei des Dichters hohes Ziel und Trachten!

Fr. Schlegel steuerte unmittelbar auf die Lyrik der Befreiungskriege los.[1]) Gleich nach der Schlacht von Jena, im selben Augenblick, da Arndt zu singen begann, dichtete er seine Sänge „Gelübde"
und „Freiheit" (9, 180. 182). Fortan war der patriotische Sang
eng mit ihm verknüpft. Der Wiener Gefolgsmann der Schlegel,
Heinrich Joseph v. Collin, schuf für den Krieg von 1809, den Fr.
Schlegel im Stabe Erzherzog Karls mitmachte, seine „Lieder öster-
reichischer Wehrmänner". Im Hause Fr. Schlegels zu Wien verkehrten Theodor Körner und Eichendorff, ehe sie in den Krieg
zogen. Max v. Schenkendorf traf von allen Befreiungssängern
den romantisch-religiösen Ton Hardenbergs und Schlegels am

---

1) E. Wienele, Patriotismus und Religion in F. Schlegels Gedichten,
1913; R. Dolpers, F. Schlegel als politischer Denker und Patriot, 1917.

besten und ließ sich besonders von Schlegels „Freiheit" zu seinem Sange „Freiheit, die ich meine" anregen.

Der entscheidende Anstoß zu gesellschaftlicher Betrachtung sollte
indes von dem Manne ausgehen, an den die einseitigsten indi-
vidualistischen Kundgebungen der Romantik anknüpften: von
Fichte. Noch in seinem „Naturrecht" (1796) neigt Fichte so
stark zu weltbürgerlichen Anschauungen, daß er für völkisches
Wesen nichts übrig hat. Den Staat faßte er im wesentlichen von
seiner polizeilichen Seite. Dagegen kündigte sich das Verlangen
an, daß der Staat jedem seiner Bürger das sittliche Grundrecht,
von seiner Arbeit leben zu können, gewährleiste. Diesen Grund-
gedanken des Sozialismus entwickelte Fichte in seinem „Geschlossenen Handelsstaat" (1800): der Staat habe die gesamte Organi-
sation der Arbeit in die Hand zu nehmen. Nunmehr wurde ihm
der Staat schon ein gesellschaftlicher Organismus, dessen Wesen
er dann in den „Grundzügen des gegenwärtigen Zeitalters"
(1806) tiefer zu erfassen suchte. Die Napoleonischen Eroberungs-
kriege trieben ihn weiter. Sie legten ihm die Frage nahe, ob wie
die einzelnen Persönlichkeiten so auch die einzelnen Nationali-
täten im Weltplan eine besondere Bestimmung hätten; ob mit
dieser Bestimmung die Pflicht, sie zu erfüllen, und das Recht
zu politischer Selbständigkeit gegeben sei. Fichte gelangte zu der
Überzeugung, die deutsche Nation habe eine so mächtige Kultur-
bestimmung, daß sie fast allein neben den Einseitigkeiten der andern Nationen zur Erfüllung des Ideals der Humanität berufen
sei. Nur von der Wiedergeburt des deutschen Volkes erhoffte
er Heil für die verfahrenen Zustände des Zeitalters. Selbstbefrei-
ung des deutschen Geistes enthüllte sich ihm als Pflicht, die der
Nation von ihrer Bestimmung auferlegt wird. Dazu müßten die
Deutschen politische Nationalität erwerben. Eine nationale Erziehung habe also den Boden für die Zukunft vorzubereiten.

So lautet das Glaubensbekenntnis der „Reden an die deutsche
Nation" (1808). Mit einem Schlage war hier der nationale
Gedanke und die neue gesellschaftliche Betrachtung zu einem Ganzen
verschmolzen; nicht länger war es nur ein Hinweis auf die ver-
gangene Größe Deutschlands, nicht länger nur der Anspruch, daß
Deutschland die geistige Führung der Welt zukomme (s. oben
S. 83). Aus dem Zustand der deutschen Nation, aus den augen-

blicklichen gesellschaftlichen Verhältnissen und aus den künftigen Aufgaben der Gesellschaft wurde die Pflicht nationalen Fühlens abgeleitet. Hier war zum erstenmal uneingeschränkt die Behauptung aufgestellt, daß eine Gelehrtenrepublik noch kein Ersatz für einen Staat sei, daß die Vernichtung der politischen Selbständigkeit der deutschen Nation auch die ganze Herrlichkeit deutscher Literatur und Kunst in Frage stelle. [1]

Doch noch von ganz anderer Seite gewöhnte man sich damals daran, das deutsche Volk als Einheit im Gegensatz zu den einzelnen großen Persönlichkeiten zu fassen und die Pflichten zu bedenken, die der einzelne dieser Gesamtheit gegenüber hat. Der Märker Arnim ist da stark beteiligt. Ihn verband ein echtes Gefühl mit der Scholle, auf der er geboren war; er besaß ein wirkliches Vaterland. Für dieses Vaterland sammelte er schon 1806 Kriegslieder. Er war aber elastisch genug, dieses echte Vaterlandsgefühl auf ganz Deutschland auszudehnen. Das ganze Deutschland sollte der Freude teilhaftig werden, die er an deutscher Art und Kunst hatte. Als erster unter den Romantikern beginnt Arnim mit Bewußtsein nicht nur für den Gebildeten, sondern für das Volk zu arbeiten und diesem altes Volksgut wieder zuzuführen, auch aus der Welt der Gebildeten ihm zu schenken, was ihm taugt.

Aus der Geschichte erwächst für Arnim der Begriff des deutschen Volkstums. Er fühlt sich als Träger einer Tradition und möchte diese Tradition bewahrt wissen. „Nur der Ruchlose", heißt es in der „Gräfin Dolores" (1, 93), „fängt eine neue Welt an in sich, das Gute war ewig." „Der wunderbare Zustand ohne Gegenwart" (Werke 12, 29), den die französische Revolution gezeitigt hat, scheint ihm verwerflich. Er will von dem Kosmopolitismus, der „Europa zu einem schönen humanen Ganzen zusammengefabelt" hat (Dolores 1, 124), nichts wissen. All das ist aus dem Lebensgefühl des märkischen Edelmanns geschaut; dabei nimmt Arnim den Begriff des Adels im höchsten Sinne und meint, der Adlige sei zu Selbstbescheidung und Pflichterfüllung vor andern berufen. Agrariertum offenbart sich bei ihm in streng

---

[1] Vgl. R. Fester, Rousseau und die deutsche Geschichtsphilosophie, 1890, S. 151.

sittlicher, verpflichtender Form. Seine ausgesprochene Vorliebe für das Land läßt ihn gegen Industrie und Handel ungerecht werden; in ihr findet seine Abneigung gegen das Judentum eine Stütze. Ein starkes Standesbewußtsein bestimmt auch seine sozialpädagogischen Gedanken. Nicht Menschen, sondern Deutsche will er erziehen, nicht allseitige Entfaltung der Kräfte verlangt er, wie die Frühromantik, sondern nach Dienern des Vaterlandes ruft er, die in den Grenzen ihres Standes nach dem Maße ihrer Kräfte wirken.[1]

Eng verwandt mit Arnims staatswissenschaftlichen Anschauungen sind Adam Müllers Lehren. Darum konnte Arnim mit Adam Müller und mit seinem Standesgenossen Heinrich v. Kleist, dessen vaterländische Begeisterung lyrisch und dramatisch gleich machtvoll ertönte, zu dem gemeinsamen Unternehmen der „Abendblätter" (1810/1) sich verbinden. Durch Reinhold Steigs Forschungen (Heinrich v. Kleists Berliner Kämpfe, 1901) ist heute klargestellt, daß die „Abendblätter" nach Tendenz, Inhalt und Form das Organ der preußischen Junker in ihrem Kampfe gegen den Staatskanzler Graf Hardenberg darstellten, gegen seine Politik, die im Sinne der von der französischen Revolution angeregten Anschauungen dilettierte, wie auch gegen seine staatswissenschaftlichen Ansichten, die auf Adam Smith begründet waren. Adam Müller drückte dem Blatte seinen Stempel auf: prinzipielle Gegnerschaft gegen die Revolution im Sinne der Staatsanschauung Edmund Burkes, wesentliche Erhaltung Preußens als eines Ackerbaustaates, keine Reform der wirtschaftlichen Zustände im Sinne von Adam Smith; und all das getragen von einem starken Patriotismus und von dem Wunsche, das französische Joch abzuschütteln. Mag in dem Parteiblatte auch gelegentlich junkerliche Interessenpolitik etwas einseitig sich geltend machen, sicher ist es eine charakteristische und echte Urkunde romantischer politischer, patriotischer und nationalökonomischer Tendenzen. Denn wie Arnim fast durchaus diesen Kundgebungen zustimmen konnte, so deuten alle Äußerungen Adam Müllers auf das romantische staatswissenschaftliche Glaubensbekenntnis, wie es sich nach 1800 entwickelt.

---

1) Vgl. Friedrich Schultze, Die Gräfin Dolores, 1904, S. 23 ff.; H. Becker, A. v. Arnim in den wissenschaftlichen und politischen Strömungen seiner Zeit, 1912.

Das konservative Agrariertum, das Adam Müller vertritt, bereitet die rückschrittliche Politik der Zeit nach 1815 vor. Herold dieser Richtung wurde Adam Müller in enger Verbindung mit Friedrich v. Gentz, der rechten Hand Metternichs, mit Fr. Schlegel und mit Karl Ludwig v. Haller.[1]

Fr. Schlegel geht auch auf diesem Felde voran. In den Kölner Vorlesungen von 1806 (Windischmann 2, 306—396) entwickelt er zum erstenmal systematisch seine Ansichten über Natur- und Staatsrecht, über Politik und Völkerrecht. Auch hier heißt es (S. 369): „Der Adel gehört ganz zu dem Landmann; er ist nur der höhere Landmann." Auch hier wird ständische Verfassung vertreten, wird erklärt: „Die Art, wie der Handel jetzt ausgeübt wird, ist dem Staatszwecke im höchsten Grade gefährlich" (S. 371). Allein vorläufig trennt noch eine weite Kluft die Berliner Patrioten von Fr. Schlegel. Schlegel steht schon auf einem mittelalterlich religiösen Standpunkte, er führt Gedanken und Träume von Novalis' Aufsatz „Die Christenheit oder Europa" (s. oben S. 71 f.) systematisch aus. Von dieser Stelle gab es vorläufig keine Brücke zu Arnim, Kleist und Adam Müller. Adam Müller aber ging nachmals in Schlegels Lager über, ganz wie ein anderer Jugendgenosse Arnims: J. J. Görres. Auch Görres begeisterte sich einst wie die Frühromantik für die französische Revolution. Dann besuchte er Paris und kehrte als Gegner des neuen Frankreich heim. Auch ihm erwuchs bald aus altheimischer Dichtung und Kunst ein starkes nationales Gefühl; als Heidelberger Genosse Arnims und Brentanos wirkte er für die Wiedererweckung der altdeutschen Welt und steckte zugleich der jungen Germanistik weite und hohe Ziele. Seit 1814 aber wühlte seine Zeitschrift „Rheinischer Merkur" die Welt im Sinn der Befreiungskriege so mächtig auf, daß ihr der Ehrentitel einer fünften Großmacht von ihren Gegnern zugebilligt wurde. 1816 wurde sie durch die Reaktion unterdrückt; der eigenwillige, überschäumend temperamentvolle Rheinländer blieb noch lange Zeit Vorkämpfer des Liberalismus und focht mit der preußischen Bureaukratie manchen Strauß durch. Als ihr Gegner trat Görres auf die Seite des kämp-

---

1) Vgl. F. Lenz, Agrarlehre und Agrarpolitik der deutschen Romantik, 1912.

fenden Katholizismus. Seit seiner Berufung nach München
(1827) war er immer mehr ins römisch-hierarchische reaktionäre
Fahrwasser gekommen. Er wurde zuletzt einer der übereifrig-
sten Anhänger der Richtung des alten Fr. Schlegel.[1])

Grundanschauungen der Frühromantik liegen den staatswissenschaftlichen Ausführungen Fr. Schlegels zugrunde: ein großer Organismus soll aufgebaut werden, in dem alle Teile ineinander
leben, ein kirchlich-staatliches Universalsystem. Die organische All-
einheit, Gott, wird im christlichen Sinne genommen; und zwar
enthüllt sich, wie in Novalis' Aufsatz, wie in den späteren kulturhistorischen Konstruktionen Fr. Schlegels (f. oben S. 77 ff.), die
mittelalterliche Welt als höchste Verkörperung der organischen
und harmonischen Verknüpfung geistlicher und weltlicher Gewalt.
Dem Katholizismus sollte nunmehr die Aufgabe zufallen, diese
organische Harmonie von neuem zu begründen. Die Religion
wurde so zum organischen Mittelpunkt des Lebens.

Diesem Glaubensbekenntnis ist die Kirche das Erste und der
Staat das Zweite. Alle Staatsgewalt kommt von Gott. In der
Kirche erfüllt sich jeder Zweck höchster geistiger Gemeinschaft; der
Staat hat nur die äußeren Bedingungen eines solchen Gemein-
schaftslebens zu gewährleisten. Er beschränkt sich darum auf die
mittelalterlichen Staatsziele: Ordnung und Recht, Friede und
Gerechtigkeit.

Von solchen Ansichten aus gelangt romantische Staatswissen-
schaft rasch zu einem Standpunkte, der dem nationalen Streben
der Befreiungskriegszeit durchaus entgegengesetzt ist. Ein politischer Universalismus löst die nationalen Begrenzungen wieder
auf, die am Anfang des 19. Jahrhunderts an die Stelle des
Kosmopolitismus getreten waren. Österreich sollte die univer-
sal-klerikalen Ideale erfüllen; seine bunte nationale Zusammen-
setzung schien dem Zwecke dienlich zu sein.

Dagegen ging die kollektivistische Wendung vom Anfang des
Jahrhunderts nicht verloren. Wohl wird der Monarch zum Re-
präsentanten der großen harmonischen Einheit erhoben, ja sogar der Gedanke erwogen, ob mit der Würde des Herrschers auch

---

1) Vgl. R. Saitschick, Hochland 10, 1, 257f. 447ff. 10, 2, 129 ff. 309 ff.
456 ff.

die höchste Priesterwürde zu verknüpfen sei. Nicht der Zwang
der Gesetze, sondern die Autorität des Fürsten soll künftig den
Staat erhalten. Ein religiöser Absolutismus also, wie er im 16.
Jahrhundert teils geplant, teils wirklich durchgeführt worden ist!
Jedoch ebenso wird die höchste Freiheit des einzelnen bei der
festesten Vereinigung aller gefordert und die Idee einer Re-
präsentation des Volkes nach Ständen erwogen.

Die Romantik weist in diesen letzten Forderungen politischer
Art nach, daß sie mit dem Zeitgeist fortgeschritten ist. Das Junge
Deutschland bekennt sich gleichfalls zu Kosmopolitismus und Kollektivismus. Freilich ist es ebenso radikal und revolutionär ge-
sinnt, wie die Romantik der Reaktion dient. Aber die Probleme
des Zeitalters werden auf beiden Seiten gleich eifrig, wenn auch
von ganz entgegengesetztem Standpunkte, erwogen. Stellt das
Junge Deutschland im wesentlichen ein Weiterdenken frühromantischer Ideen dar, so konnte es doch schließlich, um auf der Höhe
des Zeitalters zu stehen, nichts anderes tun, als die Zeitpro-
bleme des Kosmopolitismus und Kollektivismus mit dem alten
romantischen Gedankenschatz und mit dessen revolutionären Stre-
bungen zu verknüpfen, mit Elementen, die von der Romantik
selbst längst preisgegeben worden waren. Wohl überholt das Junge
Deutschland auf solche Weise die alternde Romantik, aber es
bewährt sich auch in dieser Verknüpfung nur als Epigone und er-
härtet, daß die Romantik bis zuletzt gewußt hat, wie die Fragen
lauteten, die einer Lösung harrten.

Kleinmayr, H. v. 94.
Kleist, H. v. 2. 93. 105. 109f.
Klopstock 53f. 83. 100. 102f. 105.
Kluckhohn, P. 63.
Koch, Erduin Julius 81.
Körner, Chr. G. 29.
Körner, Jos. 59. 86.
Körner, Theodor 106.
Köster, A. 2.
Krebs, S. 93.
Kroll, E. 98.
Kühn, Sophie v. 69.

Lachmann, K. 84.
Laplace 46.
Lavoister 46.
Leibniz 4. 18. 22. 35. 39. 51.
Lenz, F. 110.
Lenz, J. M. R. 44.
Lessing 13. 44. 87.
Lochener, Stephan 92.
Locke 18. 21.
Lope de Vega 88f.
Ludwig XIV. 4.
Luise, Königin 105.
Luther, M. 66. 72. 83.

Mauthner, F. 8.
Mesmer 47. 50.
Metternich, Fürst 110.
Minor, J. 20. 31. 33. 37. 55. 71. 91. 97. 105.
Moritz, K. Ph. 15f. 20. 43ff.
Muhamed 66.
Müller, Adam 17. 109f.
Müller, Friedrich (Maler) 82.
Müller, H. F. 11.
Münnig, E. 89.
Napoleon I. 104. 107.
Nietzsche, Fr. 60.
Nohl, J. 70.
Novalis 6. 13ff. 18—23. 25ff. 35. 37. 46. 48 bis 53 (Naturphiloso-
phie). 54f. 59. 63. 65—71 (Religion). 71 bis 74. 78ff. 82ff. 86. 92. 96f. 104ff. 110f. — „Die Christenheit oder Europa" 71—74. 78. 82. 86. 92. 105. 110. — „Geistliche Lieder" 68. 71. 74. — „Hyazinth und Rosenblütchen" 23. 59. — „Hymnen an die Nacht" 68f. 71. — „Ofterdingen" 23. 63. 69f. 83. 105.

Olshausen, W. 21. 35.

Pauli, G. 94.
Pelzer, A. 94.
Pheidias 29.
Philon 51.
Pindar 35.
Platon 2. 4. 11. 16. 23. 51f. 55. 64.
Plotin 2—5. 11. 21. 23. 46. 51. 55.
Poetzsch, A. 13.
Poggel, Kaspar 103.
Priestley 46.

Raffael 89f. 92.
Ralch 105.
Reichardt, J. F. 95. 105.
Reiff, P. F. 51.
Richert, G. 89.
Ritter, J. W. 15. 49f.
Roth, F. 15.
Rousseau 8. 10. 27ff. 64. 108.
Rubens, P. P. 82. 90.
Ruisdael 94.
Runge, Phil. Otto 93f.

Sachs, Hans 73. 83.
Saitschick, R. 111.
Schaeffer, C. 98.
Schelling 9. 14—17. 22. 24. 26. 37. 39. 39—43. 45f. (Sch. und die Romantiker). 40ff. 46
bis 49. 53f. (Sch.s Naturphilosophie). 54ff. 58f. 64f. 70. 72ff. 93f. 96. 104. — „Heinz Widerporst" 73.
Schenkendorf, Max v. 106.
Scherer, Wilhelm 82. 85.
Schier, A. 24.
Schiller 4ff. 11f. 17ff. 22. 27—31. 34f. 39f. 53. 55. 60f. 65. 71. 78f. 81. 83. 87. 91.
Schlegel, Caroline 49. 87. 90. 99. 104.
Schlegel, Dorothea 65f.
Schlegel, Friedrich 6 bis 11. 13f. 17ff. 22—26. 26—31 (Klassizistische Anfänge). 32—37 (Bekenntnis zum Romantischen). 43ff. (Organismusgedanke). 45. 48f. 51—54. 54—59 (Dritte Stufe seiner Theorie). 61—65 (Ethik). 65 bis 68. 70—73. 73—79 (Spätere historische Konstruktionen). 80. 82f. 85f. 88. 90—93. 96. 99. 104—107. 110f. (Politik). — „Alarkos" 76. — Athen.-Sgm. 32—37. 43f. 58. 62. 65. — „Ideen" 45. 54f. 58. 77. 83. 105. — „Lucinde" 54. 62ff. — Lyz.-Sgm. 32ff. 36. 82.
Schlegel, Joh. Elias 87.
Schlegel, Wilhelm 6f. 9. 12. 14. 16f. 22f. 25. 27. 31. 36. 44f. 53. 56. 65. 69. 80. 82—87. 89ff. 99. 102—106.
Schleiermacher 6. 9—13. 23. 26. 37ff. 42f. 45. 54—58. 60—69. 71f. — „Katechismus" 62. 64. — „Monologen"

Sachregister.